라이프스타일로
마케팅하다

고객의 일상에 경험을 선사하는 트렌디한 마케팅 전략

라이프스타일로 마케팅하다

초판 1쇄 발행 2020년 7월 29일
초판 2쇄 발행 2020년 9월 22일

지은이 이상구

발행인 백유미 조영석
발행처 (주)라온아시아
주소 서울특별시 서초구 효령로 34길 4, 프린스효령빌딩 5F

등록 2016년 7월 5일 제 2016-000141호
전화 070-7600-8230　　**팩스** 070-4754-2473

값 15,000원
ISBN 979-11-90820-60-8 (03320)

라온북은 독자 여러분의 소중한 원고를 기다리고 있습니다. (raonbook@raonasia.co.kr)

고객의 일상에 경험을 선사하는 트렌디한 마케팅 전략

라이프스타일로 마케팅하다

이상구 지음

LIFE

STYLE

HEALTH

WORK

TREND

BEAUTY

RAON
BOOK

바뀌는 일상, 새로운 라이프스타일

걸으며 관찰하고 생각하고

아침에 성수동을 걸었다. 코로나가 초기 기승을 부릴 땐 아예 '집콕'했지만, 요즘엔 조심스럽게 주말에 다시 혼자 걷는다. 성수동은 집 근처이기도 하고, 한창 하루가 다르게 새로운 콘셉트의 힙한 공간들이 생겨나기도 해서 자주 찾는다. 확실히 눈에 띄게 사람들이 줄어들었지만 그래도 아침이면 이곳저곳 매장에서는 손님맞이 준비로 분주하다. 요즘은 입구 간판만 봐서는 옷 가게인지 식당인지 카페인지 모를 곳도 많다. 그래서 그냥 불쑥 들어간다. 높은 층고에 좌식 의자가 놓인 계단, 빈티지풍의 테이블과 의자, 노출 콘크리트 벽과 천장 등 곳곳에 트렌디한 공간 장식이 눈길을 끈다.

아직 가게를 오픈하지는 않았지만 그렇다고 내쫓지도 않는다. 이곳은 왜 이런 콘셉트로 차렸을까? 테이블 회전율이 어느 정도 되어야 돈을 벌까? 다시 코로나 이전으로 돌아가지 못할 것이라고들 하는데 이렇게 잔뜩

위축된 사람들이 가게를 다시 찾아오게 할 이유로 어떤 근사한 걸 내세워야 할까? 남이 의욕적으로 벌인 잔칫상에 괜히 이런저런 곤란한 질문거리만 떠올린다. 언택트(untact)로 바뀐다지만 그래도 길을 걷다 보면 여전히 줄 서서 북적이는 가게들이 가끔씩 눈에 띄기도 한다. 저곳은 과연 어떤 비결이 있는 걸까?

오후에는 광화문을 걷다가 새로 생긴 책방에 들렀다. 이름하여 '역사책방'이다. 예상대로 역사 관련 책들만 한데 모아놓았다. 요즘 책방 하나 차리는 것이 로망이긴 해도 책 팔아서 돈 버는 건 쉽지 않다. 더구나 역사에 무관심한 시대에 역사가 테마인 책방이라니 주인장이 참 용감하다는 생각이 든다. 같은 역사 카테고리시만 한쪽에는 유럽, 인도, 일본 등으로 분류해놓았고, 다른 한쪽에는 최근의 시사 이슈에 관련된 역사적인 테마의 책들을 모아놓았다.

출입구 옆에는 일정표가 붙어 있다. 매주 이곳에서 펼쳐지는 인문학 강의나 활동들이다. 책과 문화활동의 연결은 항상 흥미롭다. 개점한 지 얼마되지 않아 빠르게 사람들의 발길을 잡는 데 성공했다고 하니 그 비결이 무엇일까 궁금해진다. 때가 때이니 만큼 일본 관련 신간을 하나 펼쳐 드니 시간이 후딱 흐른다. 가방이 무겁지만 종이책 한 권 사들고 귀갓길 지하철에서 읽으면 즐겁다.

오늘 하루 12km를 걸었다. 예전에는 내가 뭘 모르는지도 모르고 살았는데 점점 호기심이 많아지는 걸 느낀다. 알면 알수록 더 모르는 게 많아진다. 오늘 보고 듣고 생각하고 읽었던 것들을 떠올려본다. 뭔가 어지러웠던 내 가슴속 빈 공간이 조금은 채워진 느낌이다. 그래, 이것이 재미있고 행복하게 사는 것이리라.

2012년 말부터 매주 토요일 아침에 서울 도심을 걸었다. 누군가와 같이 얘기 나누거나, 나 혼자 생각하고 항상 마음속으로 질문을 던지며 걷기도 했다. 지금 이 순간 이곳에 내가 존재하는구나. 나는 무엇을 위해 살아가는 걸까? 내가 지금 잘 살고 있는 걸까?

다들 나와 비슷한 고민을 하지 않을까?

1999년에 삼성이라는 대기업을 뛰쳐나와 벤처 회사를 차렸고, 20년째 사업을 했다. 사업하는 사람들은 흔히 이렇게 말한다. 단 하루도 발 뻗고 편히 잠을 자본 적이 없다고. 정말 공감한다. 물리적으로 바빠서 그런 게 아니다. 매 순간 낭떠러지에 서 있는 기분이다. 더구나 요즘은 세상의 변화가 쏜살같다. 거대한 태풍이 모든 정체된 것을 파괴하면서 지나고 있는 시대이다. 지금도 앞으로도 감당하기 쉽지 않은 변화이다. 엎친 데 덮친 격으로 코로나로 인해 아예 거의 모든 경제 활동 영역뿐 아니라 우리의 일상까지 뒤바뀌고 있다. 지금의 변화는 없던 현상이 어느 날 아침에 갑자기 새로 등장하는 것이 아니라 코로나 팬데믹을 기점으로 더욱 빨라지고 깊어지면서 아예 새로운 변화처럼 느껴질 정도다.

굵직굵직한 이슈들이 하루가 멀다 하고 쏟아져 나오고 정제되지 않은 정보들이 넘쳐난다. 사람과 사람 사이, 사람과 사물, 사물과 사물이 연결되며 정보가 폭발적으로 타고 흐른다. 기술에서 시작해 정치, 경제, 사회, 문화, 생활 곳곳에 변화가 일어나고 있다. 세대별, 성별 사람과의 관계에도 영향을 미치고 있다. 예전엔 이러했다 저러했다는 얘기가 통하지 않는다. 이 상황에서 무엇을 어떻게 해야 하는지 의견을 주장하고 설득해서 조직을 끌고 가는 것이 사장이다. 하지만 내가 의사결정을 제대로 하고 있는지 물어볼 사람이 없다. 참조할 수는 있지만 100퍼센트 확신할 수 없다. 다른 사람을 탓할 수 없고 모든 결정과 책임이 나에게 있다. 나를 믿고 따르는 회사 직원들과 가족을 실망시킬 수는 없다.

과연 내가 잘하고 있는 것일까? 그리고 잘 살고 있는 걸까? 100세 시대라는데 전반전이 끝나고 후반전에 돌입한 나는 어떻게 살아가야 할까? 심판도 없는 경기장에서 나는 무엇을 위해 어디로 뛰고 있는 것일까? 지금보다 더 빨리 뛰어야 할까? 아니면 조금은 천천히 뛰어도 되는 걸까? 흔히 말하는 나답게 산다는 것이 무엇일까? 이런 실존적인 질문들은 생각해볼 마음의 여유도 없지만 아무리 생각해 봐도 정답이 안 보인다.

당신은 어떤가? 내가 사장이라서 유독 그런 고민과 질문을 많이 하는 건 아니다. 정도의 차이는 있겠지만 우리 모두는 항상 어떻게 살아갈 것인가 하는 보편적인 질문을 지니고 있다. 지금 같은 격동의 시대를 사는 사람이라면 더더욱 비슷한 질문과 선택에 놓여 있다. 이 책은 그런 고민에서 시작했다. 사업을 책임지거나, 제품과 서비스를 기획하거나, 자신의 진로를 고민하는 사람들이라면 누구나 나와 비슷한 상황에 놓여 있지 않을까? 진정한 각자도생의 시대가 오고 있다. 각자 마음이 어떤 혼란 속에 있는지는 알 수 없고 누군가에게 물어볼 사람도 마땅치 않다면 이 책을 통해 같이 고민하고 더 나은 방식을 추천해볼 수 있지 않을까.

라이프스타일을 이해한다는 것은 삶을 대하는 태도를 이해하는 것이다

다른 사람이 아닌 자신을 위해 살아야 하는 것이 당연하다. 어느 경제연구소가 요즘 우리 사회의 라이프스타일을 조사한 결과를 보면, 사람들은 나다움을 표현하는 데 시간과 돈을 많이 쓴다고 한다. 예전에는 패션, 액세서리, 자동차, 명품 가방 등을 소유하고 과시하는 것이 나를 표현하는 수단이었다. 이제는 자신의 몸을 건강하게 관리하거나 색다른 취미와 경험을 중요시하는 경향으로 빠르게 전환되고 있다. 남들보다 더 럭셔리해 보이고자 하는 욕망의 수단이 바뀌고 있는 것이다. 이를 가속화하는 것은 예전보다 더 월등히 발달하는 모빌리티와 SNS, 즉 기술 진보의 영향력이다. 나이를 막론하고 자신이 좋아하는 분야에는 아낌없이 시간과 돈을 쓴다. 덕후까지는 아니어도 뭔가 하나쯤은 미쳐 있는 것이 당연하고 심지어 멋져 보이기까지 한다.

잉여의 시간과 돈을 어디에 쓰는가는 결국 취향과 라이프스타일로 귀결된다. '나는 이런 취미 활동을 하는 사람이야', '나는 이 정도로 건강관리를 하며 사는 사람이야'라는 식으로 삶의 수준을 과시하는 시대다. 이른바 나만의 라이프스타일을 통해 자신이 어떤 태도로 삶을 대하는지를 말하고 싶어 한다. 그런 점에서 삶의 지표가 뭔지 혼란스럽다면 나만의 라이프스타일을 한번 기획해보는 것이 어떨까?

이 책은 모두 4장으로 구성되어 있다. 1장은 왜 라이프스타일 기획이 돈, 사람, 관심을 끌어모으는가에 대해 알아본다. 무엇보다 왜 라이프스타일이 지금 시대에 뜨고 있고, 왜 이를 기획해야 하는지를 설명한다. 요즘 부각되고 있는 라이프스타일 기획 사례들과 함께 직접 사업을 하면서 몸소 부딪혔던 시행착오들을 통해 느낀 바를 정리했다. 2장과 3장은 '자랑하고 싶게 하는' 라이프스타일 기획의 사례와 '이색적이고 자극받는' 트렌드세터의 라이프스타일 기획을 정리해보았다. 4장은 실제로 우리 생활 곳곳에 파고든 퍼스널 라이프스타일을 포스트 코로나 시대에 어떻게 기획해나가야 할지를 정리해보았다. 새로운 비즈니스나 제품, 서비스를 기획하는 사람들이 참조할 수 있고, 개인적으로 라이프스타일에 관심 있는 사람들이 공감할 수 있는 이야기를 실었다.

언택트라는 말이 아직 어색하고 억지 같고 저항감도 살짝 들기도 한다. 하지만 우리 삶에 많은 변화가 일어나고 있는 사실마저 거부할 수는 없다. 현재의 지속적인 불확실성은 오히려 실패도 용인될 수 있는 도전의 열정을 불러일으킨다. 미래 사업을 기획하는 사람들에게 라이프스타일의 빠른 변화는 매력적인 기회가 될 수 있다.

라이프스타일을 이해하고 이를 기획한다는 것은 변화된 사업 환경에서 고객을 끌어들이기 위한 필수적인 접근 방식이다. 이를 통해 기업이든 개인이든 무엇을 위해 어떻게 살아야 할지에 대한 근본적인 질문의 답을 얻을 수 있다. 책에서 언급한 몇 가지 사례들에서 약간의 힌트를 얻기를 바랄 뿐이다. 미약하나마 나의 시행착오와 경험을 통해 제안하는 건강한 라이프스타일 방식이 누군가에게 또 하나의 뜻하지 않은 계기가 된다면 더 바랄 게 없다. 마지막으로 이 책을 집필하는 데 큰 도움을 주신 모든 분들에게 평생 감사하는 마음을 지니며 살겠다.

이상구

차 례

1장 왜 잘되는 기업은 라이프스타일을 판매할까?

2장 자랑하고 싶게 하라

LIFE STYLE

3장 경험을 자극하라

4장 퍼스널 라이프스타일을 기획하라

LIFE STYLE

왜 잘되는 기업은 라이프스타일을 판매할까?

LIFE STYLE

4시간 줄을 서더라도
꼭 가고 싶은 그곳에는
무엇이 있을까?

돈가스 하나 먹으려고 3~4시간 줄을 서서 기다릴 수 있을까? 장담컨대 내 주변에 그 정도의 인내심이나 강렬한 욕망을 가진 사람들이 없다. 돈가스가 아니라 다른 맛집 또는 상품, 서비스, 콘텐츠라도 그 정도까지 엄두를 못 낼 듯하다. 상품이나 서비스, 콘텐츠의 매력이 크고 작음의 문제는 분명 아니다.

경품 당첨, 이벤트 공짜 상품이라도 쉽지 않을 텐데 돈가스라는 희소가치가 그리 높지 않은, 아주 평범한 상품을 경험하기 위해 새벽부터 줄을 서고, 비가 오는 날에도 긴 줄을 서는 수고를 감내하는 사람들이 있다. 게다가 자발적으로 돈가스 성지를 갔다 왔다는 블로그, 카페 게시글이 2020년 9월 현재 네이버에 벌써 2만 건이 넘고,

뉴스가 수천 건이 누적되었다. 놀랍고 부럽고 궁금하다. 2019년 연말 제주도로 이전한 후에는 가게 앞 밤샘 텐트까지 더욱 화제를 몰고 왔다. 왜 이런 현상이 생기는 것일까?

양보와 타협 없는 창업자의 진정성이
사람들을 끌어모은다

주인공은 서울시 홍제동에 위치한 포방터 돈가스집 '연돈'이다. 2018년 11월 〈백종원의 골목식당〉(SBS)에 등장한 이래 2년 가까이 되어가는데도 여전히 이 정도의 줄을 서고 있다고 한다. 조금 열기가 사그라지면 한 번쯤 가봐야겠다는 잠재적인 대기자들이 많아 앞으로도 장기간 인기는 계속될 듯하다. 방송 직후 초반에는 손님이 늘다가 나중에는 차츰 줄어들 것이라는 예상은 보기 좋게 빗나갔다.

돌이켜 보면 가장 큰 인기 비결은 한마디로 사장의 장인 정신에 가까운 요리 철학과 소신이다. 아낌없이 제공하는 최고의 식재료, 양보와 타협 없는 세심한 조리 과정 등이 감동을 주었기 때문이다. 저 정도라면 정말 한번 가서 맛보고 싶다는 호기심을 불러일으킨다. 그 후 또 한 번 방송에 출연했는데, 여기서 다시 한 번 사장의 철학이 빛을 발했다.

"내가 고단해야 손님 입이 즐겁고, 내가 편하면 손님 입이 불쾌해질 것이고, 어설프게 해서는 손님을 만족시킬 수 없다."

진정성 넘치는 신념과 투철한 직업의식이 시청자들에게 또 한 번 감동을 주었다. 이런 진정성이 최고의 맛과 결합되면서 리얼리티의 감동을 주었고 한 번쯤 경험하고픈 욕망을 불러일으켰다. 음식점 10곳 중 9곳은 망한다는데, 외진 시장 구석에서 이토록 신념을 지키며 꿋꿋하게 정진하는 모습에 사람들은 열광했다. 시청자들은 포방터 식당을 보면서 별로 가진 것 없는 나와 비슷한 서민이라는 동병상련에다 나도 저렇게 하면 되지 않을까 하는 실낱같은 희망을 소환해보기도 한다. 그리고 사장의 뚝심과 신념에서 닮고 싶은 가치관을 발견한다.

사람들은 거짓과 위선이 넘쳐나는 세상에서 항상 선한 의지와 메시지를 찾고 싶은 갈망을 가지고 있다. 척박한 현실이라도 최소한 자신이 올바른 신념을 지켜나간다면 더 나은 내일이 오지 않을까 하는 기대감도 있다. 그러다 진짜라는 확신이 들면 열렬한 응원이 터져 나오는 것이다. 포방터 돈가스집은 이런 가치관의 공감대 안으로 사람들을 끌어들였다.

진정성에 위배되는 일이 조금이라도 생기면 바로 돌아설 위험이 있지만 사장의 고지식함으로 봐서는 그럴 일이 없을 것이라고 생각한다. SNS에 '항상 기본에 충실합니다'와 '정직하게'라는 말을 고정 해시태그로 붙이고, '사장님 존경합니다'라는 댓글이 단골로 달린다. 팬심으로까지 연결될 가능성도 보인다. 평소에 아무리 세상을 냉소적으로 흘겨보더라도 사람들이 무엇에 반응하는지 엿볼 수 있는 대목이다.

창업자의 완벽주의가
스페셜티 커피의 팬심을 일으키다

　　　　　　　　　　　과연 사장의 프로 정신이 전
부일까? 최근 화제를 몰고 온 블루보틀이라는 커피 브랜드를 살펴보
면 창업자의 신념이 나중에 어디까지 진화하는지를 볼 수 있다.

　블루보틀은 전 세계적으로 스페셜티 커피 시장의 성장을 이끌어
온 선두 주자다. 때마침 한국에도 상륙해 2019년 5월 성수점을 시
작으로 삼청동점, 압구정점까지 연달아 오픈했다. 단 하나의 매장
이 오픈했을 뿐인데 첫 번째 성수점부터 젊은 커피 애호가들의 선풍
적인 관심을 모았다. 테헤란로에 오픈할 것이다, 거기는 블루보틀
과 안 어울린다, 1호점은 삼청동에 오픈한다더라 등 오픈 전부터 화
제였다.

　역시나 성수점이 오픈하자마자 포방터 돈가스집 못지않게 긴 대
기 줄이 연출되었다. 물론 인기 있는 음식점이라면 점포 바깥으로
늘어선 긴 대기 줄이 하나의 징표이긴 하다. 그러나 더운 여름날 커
피 한잔 마시는 데 이렇게까지 줄을 설 일인가 하는 얘기도 흘러나
온다.

　성수점 오픈 직후부터 블루보틀은 수많은 블로거와 인플루언서
들의 방문 후기로 커피 성지가 되었다. 이렇게 열기가 대단한 이유
가 무엇일까? 포방터 돈가스집을 보면서 블루보틀이 연상되는 것은
오랜 시간 줄을 서야 맛볼 수 있다는 단순한 공통점 외에도 완벽주
의를 추구하는 창업자의 닮은꼴 때문이기도 하다. 블루보틀에 대한

관심과 팬심도 출발점은 거기서 비롯된다.

"로스팅한 지 48시간 이내의 원두를 사용한 커피만 판매해 고객들이 최고의 커피를 즐길 수 있게 할 것입니다. 믿을 수 있는 곳에서 제공받은 최상의 원두만 사용할 겁니다."

전 세계적으로 최고 품질의 커피 브랜드와 멋진 카페는 너무나 많지만 블루보틀은 유난히 커피 애호가들의 관심을 끌어왔다. 지금까지 48시간 이내에 로스팅한 원두만 사용한다는 원칙을 지켜온 블루보틀은 커피광인 창업자의 스페셜티 커피에 대한 신념과 가치관이 브랜드 스토리에 계속 따라붙었다.

스페셜티 커피가 이미 대중적인 인기를 끌고 있지만, 사실 웬만한 사람들은 고급 커피의 맛 차이를 느끼기 어렵다. 커피 맛이 궁금해서 일본 출장길에 일부러 블루보틀 아오야마점을 방문한 적이 있다. 그때 솔직히 그렇게까지 호들갑을 떨 정도는 아니라고 내심 판정을 내렸다. 커피를 좋아한다고 해도 맛의 차이를 구분해내지는 못한다. 각자의 취향도 다르고 커피에서 느끼는 복합적이고 감성적인 기준 또한 다를 수밖에 없다. 이 점에 착안한 블루보틀 창업자 제임스 프리먼은 처음부터 커피 품질에 집착했지만 단지 거기에만 머무르지 않았다.

우선 최상의 품질과 신선도를 기복 없이 유지할 수 있는 기준과 매뉴얼을 수립하는 데 힘을 기울였고 커피콩을 볶아서 온라인으로도 팔았다. 계속 품질에 집착함과 동시에 유연한 확장성을 고려한다는 것은 쉽지 않은 도전이다. 뿐만 아니라 블루보틀은 한 걸음 더

블루보틀 일본 아오야마점   블루보틀 성수점. 홀 중앙에 커피 바가 있다.

나아갔다. 블루보틀만의 철학을 전달할 수 있는 커피 문화를 만든 것이다. 손님이 느림의 미학과 슬로 커피(slow coffee) 문화를 충분히 이해하고 만족할 수 있는 친절한 환대(hospitality)를 내세웠다.

블루보틀을 찾는 사람이라면 커피를 놓고 마음 편히 바리스타와 대화를 나누고 싶어 할 것이다. 주문 단계부터 메뉴판에 적힌 싱글 오리진 원두에 대해 얼마든지 자세한 설명을 요청할 수 있는 분위기를 만들었다. 커피를 내리는 동안 드립 시간은 어느 정도가 적당한지, 원두의 양과 무게는 얼마로 해야 할지 등 바리스타가 커피에 관한 모든 세세한 질문에 답을 할 수 있게 했다.

이를 위해 제임스 프리먼(James Freeman)은 섬세한 공간 구조와 인테리어까지 방문자의 경험으로 녹여냈다. 친절한 환대가 원활하도록 카페 중앙에 바(bar)를 배치하고, 불필요한 장식을 걷어낸 심플하고 비어 있는 공간 콘셉트로 설계해 전체적으로 커피에 대한 관심과 대화에 집중할 수 있도록 디자인했다.

손님 한 사람당 평균 소요 시간 15분. 블루보틀은 초창기부터 대기 줄이 늘어설 수밖에 없었고 손님들의 불만이 여기저기서 터져 나왔으나 이를 꿋꿋하게 버텨내면서 자신의 철학과 신념을 지켜냈다. 최고 품질의 커피를 기복 없이 유지하면서도 스페셜티 커피를 찾는 사람들의 라이프스타일 변화에 맞춰 유연하고 섬세한 공간 콘셉트까지 확장했다. 그리고 이것을 브랜드 스토리로 엮어 그 속으로 커피 마니아층들을 끌어들였다(블루보틀은 마케팅 부서가 따로 없고 브랜드를 알리는 사람은 결국 바리스타다).

블루보틀은 2020년 현재 미국 73개, 일본 20개, 한국 6개, 홍콩 1개로 지점을 늘려가면서 스페셜티 커피의 글로벌 대표 브랜드로 확장하는 데 성공했다. 이제 블루보틀을 찾는 사람들은 줄을 서서 기다리는 것을 당연하게 여길 정도로 슬로 커피의 대명사로 자리매김했다. 블루보틀까지 상륙한 국내 커피 시장은 이미 포화 상태에 도달했다. 앞으로 고급 브랜드와 가성비 브랜드로 양분되는 현상이 점점 심화할 것으로 예측된다.

편한 소파와 고급스런 인테리어는 모든 커피점의 필수 요소가 되었지만 더 이상 사람들을 끌어당기는 결정적인 요소가 되지는 못한다. 특별한 경험을 제시하는 브랜드가 아니라면 가성비 좋은 커피점으로 발길을 돌릴 것이다.

포방터 돈가스집과 블루보틀. 창업자의 신념과 가치관으로 사람들의 발길을 붙잡고 특별한 경험으로 끌어들이는 시대를 우리는 살고 있다. 제품을 넘어서 새로운 라이프스타일을 제안하는 일은 이제 모두가 고민해야 할 과제이다.

**코엑스의
대변신**

사람들이 몰리는 곳으로 말하자면 코엑스의 변신을 떠올리지 않을 수 없다. 그중에 별마당 도서관이 핵심이다. 2017년 오픈하자마자 2년 만에 누적 4,500만 명이 다녀갔다. 인근 코엑스 매장의 매출이 30% 올랐는데, 별마당 도서관의 집객 효과에 힘입은 바가 크다. 해외 여행객들에게도 핫스팟이 되어 해외 카드 결제 기준으로 연간 100만 명의 외국인이 다녀갔다고 한다. 지금 돌이켜봐도 이런 아이디어를 실행했다는 것은 놀라운 기획이다.

해외 사례(일본의 다이칸야마와 다케오 시립도서관)를 벤치마킹했다고는 하지만 오픈하자마자 압도적인 비주얼에 모두 놀랐다. 총 850평 규모의 복층에 10미터가 넘는 거대한 책장이 눈앞에 펼쳐지면 누가 먼저랄 것도 없이 스마트폰을 꺼내 사진을 찍어서 SNS에 올리지 않을 수 없다.

코엑스를 방문했는데 우연히 이곳을 발견해서 인증샷을 찍는 게 아니라 거꾸로 인증샷을 찍기 위해 코엑스를 들르도록 기획했다. 1층은 잡지 위주로 진열되어 있다거나 읽고 싶은 책을 찾기가 어렵다거나 심지어 책을 구매할 수 없다거나 하는 편의성의 문제들은 모두 부차적인 부분이다. 책이 콘텐츠로서 본연의 기능을 수행하는 것이 아니라 사각형 격자무늬 패턴을 활용한 하나의 디자인 역할을 한다.

물론 예전부터 두꺼운 백과사전이나 전집을 집 거실에 진열했던 것처럼 책이 데코레이션 기능으로 활용된다는 것은 모두가 수긍할 정도의 암묵적인 동의가 있었다. 하지만 공개적인 장소에서 처음부터 노골적으로 책을 럭셔리한 인테리어 장식품으로 활용하겠다는 의도를 드러냈다는 점이 놀라웠다. 실제로 책을 좋아하는 사람들은 금세 부정적인 반응을 보이곤 했으나, 장안의 화제를 불러 모으는 이슈 메이킹의 소재로는 충분하고도 남을 정도다. '거기 가봤어?'에서 금세 '거기서 만나자'는 체험 유도형으로 바뀌는 데는 오래 걸리지 않았다. 서점인가? 도서관인가? 처음엔 모두가 이 공간의 활용도가 의아했지만 오래지 않아 별마당 도서관은 '만남의 광장'으로 전체 공간의 정체성이 정해졌다.

책방은
만남의 광장

아주 오래전부터 책방은 만남의 광장으로 존재해왔다. 옛날부터 책을 읽지 않으면서도 우리는 친구들을 서점 앞에서 만났다. 부산의 동보서적과 영광도서, 서울의 홍익문고와 종로서적은 추억의 만남의 장소다. 이 서점들은 대부분 유흥가 주변에 자리 잡고 있었고, 술 한잔 걸치러 갈 뿐이었는데도 우리는 괜히 서점 앞에서 만나자고 약속했다. 휴대폰이나 삐삐와 같이 즉각적인 통신수단이 없었던 연락 두절의 시절에 지루한 기다림을 책이 메워줄 것이라고 생각했나 보다.

책과 잡지는 항상 우리 생활에서 호기심과 재미 요소를 품고 있는 존재였다. 고전부터 최신 취향과 트렌드까지 책을 매개로 사람들의 각종 취향이 모이는 것도 이미 오래전 일이다. 서점을 한 바퀴 휙 돌아보면 인문학과 기술적 동향이 한눈에 들어온다. 예나 지금이나 책을 자주 찾는 사람들은 적극적인 문화 수용자로서 일종의 얼리어댑터처럼 호기심이 충만하다.

모름지기 책이 사람을 부르고 연결한다. 서점은 이미 책을 파는 곳이 아니다. 교보문고의 5억 원짜리 소나무로 만든 통원목 테이블부터 아치형 서가로 인스타존이 된 아크앤북, 청계천 중고 서적 11만 권을 한데 모은 서울책보고, 27미터짜리 높은 서가 블루스퀘어 북파크, 라이프스타일과 여행을 묶은 아담하고 세련된 성수연방 등 대형 서점부터 독립 서점까지 반란이 시작되었다. 어느새부터인가 서점은 진열대에서 수동적으로 책이 판매되기만을 기다리는 것이 아니라 적극적인 라이프스타일을 제안하는 공간으로 태세 전환을 시작한 것이다.

츠타야 서점의
또 다른 시도

《지적자본론》(마스다 무네아키)에 따르면 일본 다이칸야마의 츠타야 서점을 주도하는 컬처 컨비니언스 클럽(Culture Convenience Club)은 이미 이런 기획이 새로운 시대의 자본이 될 것이라는 주장을 펼쳤다. 이는 앞서 언급한 서점들의 반란을 불러일으켰고 이 시대의 마케터들에게 많은 영감을 주었다. 죽어가던 대다수의 종이책 서점들 틈에서 괄목할 만한 성장을 보이고 있는 츠타야 서점은 일본 내 1,400개 매장에서 연매출 2조 원, 회원수 6,000만 명에 이르는 최고의 복합문화공간이다.

책이 아닌 라이프스타일을 파는 츠타야 서점의 성공 요인은 이미 너무 많이 알려졌기에 여기서는 생략한다. 다만 내가 일본 출장길에 우연히 들렀던 츠타야 서점의 건물에 대해 잠깐 언급하고 싶다. 도쿄 신주쿠를 걸어가다 마침 어느 건물에서 츠타야 북 아파트먼트(TSUTAYA BOOK APARTMENT)라는 간판을 발견했다. 익숙한 이름을 보고 선뜻 들어갔는데, 이곳은 또 다른 흥미로운 공간이었다. 1층이 패밀리마트 편의점, 2~3층이 서점과 스타벅스였다. 한쪽 세

츠타야 북 아파트먼트(시부야 소재). 각 층마다 편의점, 북라운지, 스타벅스, 공유 공간(5~6층) 등을 배치했다.

미나룸에는 사람들이 꽉 차 있었고, 스타트업으로 보이는 발표가 있어 출입이 제한되었다. 시설 사용료와 세미나 입장료가 패키지 요금으로 매겨져 있다고 했다. 1~2인실이 있는 4층, 그룹형 스터디룸과 토론실이 있는 5층, 여성전용공간 6층은 샤워 시설과 숙소로 이용할 수 있는 아파트형 코리빙(co-living) 공간들로 구성되어 있었다.

1층 편의점에서 먹을 것을 사 들고, 각 층마다 밤새도록 토론하거나 사업 발표를 하거나 조용히 책 읽고 공부하는 등 라이프스타일에 맞춰 각각 요금이 책정되었다. 진열되어 있는 책들은 주로 잡지나 만화 등 가벼운 것들이었다. 쿠션과 바닥 공간은 가장 편안한 자세로 책을 읽거나 대화를 나눌 수 있는 형태였다. 공동 주거인데 다양한 형태의 휴식과 책이 연결된 공간인 것이다. 이 건물은 젊은 여행객이나 직장인들의 또 다른 라이프스타일에 맞춰 새롭게 시도하고 있는 공간이다.

책을 매개로 만나고 연결하는 라이프스타일 제안이 리프레시형 공동 주거 형태까지 이어지는 셈이다. 이 건물은 젊은이들이 북적대는 도쿄의 문화 중심지이자 유흥가 주변에 뜬금없이 자리 잡고 있다. 아마도 젊은이들의 활발한 라이프스타일에 맞춰 동선을 고려한 것이 아닐까. 일과 놀이와 주거 공간을 인위적으로 분리하지 않고 휴식의 형태로 동시에 소비되는 듯했다. 젊은 층을 타깃으로 츠타야가 시도하는 새로운 실험이었다.

'한권의 서점'이
서촌을 안내한다

코엑스의 별마당 도서관이 츠타야의 다케오 시립도서관을 벤치마킹했다면 서촌에 자리한 '한권의 서점'은 모리오카 서점을 벤치마킹했다. 모리오카가 일주일에 한 권이라면 이곳은 한 달에 단 한 권의 책, 한 단어에 집중하는 콘셉트의 서점이다. 서점이 판매 공간이면서 동시에 전시 공간이다. 책을 판매

출처 : '한권의 서점' 홈페이지(of-onebook.com)

하거나 거기에서 파생되는 여러 가지 콘텐츠를 전시한다. 오로지 한 권의 책, 한 단어에 집중하는 서점. 독특한 발상이자 매력적인 제안이 다. 종이책 완성본만이 최종 제품이라는 고정관념을 깨뜨리고 책이 담고 있는 콘텐츠의 잠재력에 불을 붙임으로써 매개체로서 전달력을 확대 재생산한다.

'한권의 서점'은 라이프스타일을 파는 츠타야의 기획력에 더해 좀 더 디테일하게 파고든다. 《도쿄의 디테일》과 '1mm', 《매일의 빵》과 '내 일', 《일간이슬아수필집》과 '일부'. 책과 문장 속에 나오는 무수한 이야기를 큐레이션하고, 사람들을 상상 속으로 끌어들인다. 그들과 함께 서촌의 구석구석에서 작가와 북토크, 영화 상영 등을 가지며 여행을 한다. 이로써 '한권의 서점'은 서촌이라는 마을의 공간 콘셉트를 안내하는 컨시어지(concierge) 역할을 수행한다.

별마당 도서관에서 책이 비주얼과 공간 채우기로서의 역할을 수행했다면, '한권의 서점'은 라이프스타일의 맥락(콘텍스트, context)으로서 기능한다. 단 한 권, 한 단어에 집중하고 엄선한 큐레이션이라는 점에서 사람들의 관심을 끌고, 그 동선에는 함축된 라이프스타일이 연결된다. 세상의 모든 책을 다 갖출 필요는 없다. 단 한 권의 책만 있어도 "서점에서 이런 것도 해?" "거기 한번 가봐. 재밌는 게 많아"라는 말이 나올 수 있다. 특정한 라이프스타일과 결합되는 공간으로서 부쩍 서점이 관심을 끌고 있는 이유다. 숙박이 가능한 서점, 술을 마시는 서점 등 다양하고 흥미로운 서점의 변신은 독립 서점의 전성기를 불러왔다. 앞으로는 서점이 아니라도 콘텐츠와 이종 간의 결합이 더 다양해질 것으로 보인다.

내가 운영하는 비마인드풀 요가명상 스튜디오도 이와 유사한 실험을 시도하고 있다. 스튜디오 한쪽 구석에 마련한 제품존(zone)에 요가 필라테스 용품과 함께 매달 책을 한 권 가져다 놓았다. 비마인드풀의 핵심 메시지인 건강한 라이프스타일을 테마로 한 책을 놓아둠으로써 책이 담고 있는 메시지를 제품과 체험 클래스의 제안으로 연결하려는 것이다.

처음에는 책과 요가웨어, 요가매트, 아로마 제품밖에 없었지만 점점 주기적으로 책 내용과 연결된 그림, 액세러리, 작은 소품 등으로 바뀌고 있다. 스트레스를 해소하고 몸과 마음의 균형을 찾고자 하는 사람들은 어떤 책을 좋아할까? 또는 어떤 휴식이 필요할까? 이

비마인드풀 스튜디오(2019년 10월 오픈)

런 라이프스타일을 원하는 사람들에게 나는 어떤 것을 제안할까? 모든 사람들의 관심을 끌 수는 없지만 한 사람 한 사람에게 건강한 라이프스타일이 왜 필요한지, 그런 라이프스타일을 어떻게 만날 수 있는지를 제안하고 함께 연결하는 일은 매력적이다.

라이프스타일을 제안한다는 것은 물건을 만들어 대중에게 대량 공급하는 것과는 다르다. 모든 제품을 다 갖출 필요 없다. 나한테 꼭 맞는 한 가지만 있어도 된다. '거기에 가면 나의 라이프스타일에 맞는 무언가가 있다', 어떻게 하면 이런 기대감을 줄 수 있을지가 관건이다. 라이프스타일 비즈니스의 시대가 성큼 다가왔다.

안다르의
성공 신화

불과 5년 만에 1,000억 원을 바라보는 기업이 등장했다. 스포츠 의류업체 안다르가 그 주인공이다. 2015년 혜성처럼 나타나 10억 원의 매출을 올리고, 2017년 180억 원, 2018년 400억 원의 매출을 올리며 급성장을 거듭하더니, 2019년은 어느새 700억 원을 넘어섰다. 제품이라고는 대부분 레깅스이고 일부 상의와 아우터(겉옷)가 있을 뿐이다. 가격대가 2~3만 원으로 저렴한 데다, 항상 1+1 행사와 할인 이벤트를 하면서 단숨에 시장을 휩쓸듯이 맹위를 떨치고 있다.

유명 연예인과 걸그룹까지 광고 모델로 등장시키고 대표이사는 TV 예능 프로그램에도 출연하면서 공격적인 마케팅을 펼치며 신규 스포츠 의류 브랜드로서 최고의 성장세를 구가하고 있다. 아무리 가성비 좋은 제품이 대세라고 하지만 특정 브랜드가 단기간에 이 정도의 파괴력을 발휘한다는 것은 이례적인 현상이다. 안다르의 급성장 배경도 궁금하지만, 실내 운동복으로만 여겨지던 레깅스가 어떻게 갑자기 필수 일상복이 되었을까?

안다르는 2015년 요가 강사 출신의 신애련 대표가 평소 요가복에 불편을 느끼던 차에 직접 옷을 만들기 시작하면서 론칭한 브랜드다.

"동대문 원단 가게를 아무리 돌아다녀도 원하는 재질을 찾을 수 없었어요. 없다고만 하면 다행이죠. 어린 여자가 와서 원단 달라고 하니까 만만하게 보고 거짓말하는 사람들은 또 얼마나 많았는데요. 구석에 있는 가게에서 겨우 발견했어요. 나중에는 의류업체를 돌면서 공장을 수소문했죠. 한 손에는 붕어빵 봉지를 들고 만나는 사람마다 몇 개씩 드리면서 알려달라고 떼쓰다시피 했어요. 그렇게 원단 공장을 구하고, 그 공장에서 원하는 재질로 옷을 직접 제작하게 됐죠."(안다르 신애련 대표, 〈여성조선〉 인터뷰, 2019. 2. 18.)

요가복을 직접 만드는 일은 어렵다면 어렵고 쉽다면 쉽다. 신애련 대표의 말처럼 원단을 찾고 공장을 구하는 것은 어떤 옷을 만들더라도 거쳐야 할 필수 과정이다. 몇 년 전 나도 직접 레깅스를 제작해 판매하는 사업을 조사하러 다닌 적이 있다. 대구에서 매년 열리는 섬유 전시회도 돌아보면서 관련 업체와 미팅을 하기도 했다. 그

때 알아본 바로는 좋은 원단을 구하는 게 가장 핵심이었다.

레깅스 같은 운동복은 기능성 의류이기 때문에 라이크라, 나일론, 폴리에스테르 등 종류별로 합성 원단이 어느 정도 비율로 섞여서 얼마나 탄성을 유지하느냐 또는 땀을 흡수하고 배출하는 발열, 발한과 통기성 등이 기본적으로 갖춰야 할 기능이다. 특히 땀을 흡수한 뒤 냄새를 제거해주는 항균 소취 기능이 매우 중요하다. 문제는 이런 기술력을 가진 원단 업체가 국내에 많지 않고 대부분 중간 유통상이라는 것이다. 이럴 경우 원단의 제조원가가 한 단계씩 올라가기 때문에 가격 경쟁력이 매우 취약하다. 신애련 대표의 말처럼 발로 뛰면서 해결할 수밖에 없다.

더구나 재고 물량을 소화할 자체 유통 채널이 미약한 상태에서는 고기능 원단의 레깅스를 찍어내는 것은 초도 물량 때문에 초기에 큰 위험 부담을 안고 뛰어들 수밖에 없다. 쉽게 말해 안 팔리면 모두 재고로 쌓인다는 것이다. 신생 브랜드의 레깅스라면 인지도가 낮기 때문에 요가원과 필라테스원 등을 쫓아다니면서 직접 발로 뛰는 홀세일 영업으로 해결할 수밖에 없고, 신 대표는 이를 열정적으로 해냈던 것 같다. 안다르가 쉽지 않은 초기 단계를 극복해낸 것은 분명하지만 이걸로는 1,000억 매출의 성공 신화를 설명하기에 부족하다. 그렇다면 좋은 원단 업체와 공장을 찾아내는 것 외에 또 어떤 차별적인 성공 요인이 있을까?

가성비로 공략,
그다음엔 가심비

레깅스는 봉제 기술이나 디자인으로 차별화하기 어렵고, 차별화한다 해도 금방 카피된다. 컬러도 단일 색상의 경우 염색 기술력의 차이를 두기도 어렵다. 경쟁사 제품들을 모두 가져다놓고 로고만 떼면 구별하기 어려울 정도로 비슷비슷하다. 외견상으로는 제품력을 구분하기 어렵지만 세탁을 여러 번 했을 때 품질이 유지되느냐가 좋은 제품력을 가진 브랜드의 요건이라 할 수 있다. 이것 또한 구입해서 입어봐야 알 수 있다.

제품력에 자신 있다면 일단 먼저 사람들에게 입혀봐야 한다. 한번 입어본 사람은 피팅감이나 제품력에 매료되어 고객을 붙드는 록인(lock in) 효과가 생긴다. 그렇기 때문에 결국 시장 판도는 대체로 마케팅 싸움 또는 가성비 싸움으로 치닫게 된다. 가격으로만 보면 요가복 시장은 10만 원대 이상 고가 시장과 그 이하 중저가 시장으로 나뉜다.

수입 업체 위주의 고가 브랜드 외에 1만~3만 원의 저가 시장은 주로 온라인에서 클릭을 유도하기 위한 치열한 마케팅 경쟁이 있었다. 안다르는 이러한 젝시믹스, 뮬라웨어 등 가성비 높은 동급의 경쟁 브랜드들 틈에 있다. 초기부터 안다르는 홀세일 영업 공략을 바탕으로 대량생산과 유통을 할 수 있는 단계까지 성공했다. 200억 이상 규모의 투자 유치에 성공한 자신감을 바탕으로 최근에는 유명 연예인들을 모델로 홍보하면서 대중적인 인지도를 더욱 획기적으로 끌어올렸다.

안다르는 낮은 가격과 예쁜 컬러로 일종의 가심비를 적극 공략하는 듯하다. 가성비만으로 브랜드를 포지셔닝하지 않고 가격이 싸더라도 더 예쁘고 비싸 보이는 것을 구입했다는 일종의 심리적인 만족감을 강화하는 전략인 듯하다. 불황기에 소비자들은 어쩔 수 없이 씀씀이는 줄이지만 욕망의 크기는 줄이지 못한다. 비싸 보이는 것을 싸게 샀다는 만족감과 즐거움을 최고로 여기는 심리를 공략하기 위해 유명 연예인들을 내세우는 홍보 전략은 급격한 매출 신장과 더불어 단기적으로 확실한 경쟁 우위를 확보하기에 유용한 듯하다.

하지만 과연 안다르가 앞으로도 지속 가능한 브랜드 파워를 유지할 수 있을까? 가성비를 따지는 시장일수록 브랜드 충성도는 약할 수밖에 없고 이를 팬심으로 묶어놓으려면 쉽지 않은 숙제를 풀어야 할 것이라는 시각도 존재한다.

2020년 5월 안다르가 강남에 플래그십스토어 격인 안다르 스튜디오 필라테스를 오픈했다. 2주에 한 번씩 안다르 옷을 제공받고 건강한 식단 관리까지 경험하는 쇼룸 체험 공간이다. 비록 코로나 사태로 인해 주춤한 상태이긴 하지만 지속 가능한 라이프스타일로 변신을 시도하려는 노력으로 보인다. 안다르의 성공 신화 속에서 뭔가 압도적인 차별 포인트를 찾아내기보다는 거꾸로 올해 천만 장의 레깅스를 구입할 정도로 뜨겁게 달아오른 소비 패턴을 살펴보는 것도 좋겠다.

패션을 벗고
라이프스타일을 입어야 산다

한국패션산업연구원에 따르면 국내 애슬레저 시장 규모는 2020년 3조 원에 달할 전망이다. 2016년에 1조 5,000억 원에 불과했는데 4년 만에 2배가량 커진 셈이다. 시장 자체가 급속도로 팽창하고 있는 것이 안다르의 성장 요인으로 크게 작동하고 있는 것이다.

한 가지 특이한 것은 안다르는 요가복이라고 내세우지 않는다는 점이다. 안다르는 '매일 입고 싶은 액티브 웨어', '애슬레저복'을 슬로건으로 내세우고 있는데, 이는 젝시믹스와 뮬라웨어도 마찬가지다. 요가라는 한정된 개념에서 벗어나 보다 폭넓은 라이프스타일 개념의 애슬레저로 확장하고 있다.

애슬레저(athleisure)는 운동(athletic)과 레저(leisure)를 합친 개념으로 최근 운동하는 여성들이 늘어나면서 요가와 필라테스, 피트니스 등을 기반으로 운동과 일상복을 병행할 수 있는 스포츠웨어를 말한다. 우리나라에서는 요가가 정신적인 측면이 강조되어 요가복 하면 수련복의 의미로 받아들여지는데, 필라테스복, 애슬레저룩은 패션 스타일로 인식된다. 이러한 확장성은 마케팅의 관점에서 라이프스타일의 가치관과 더욱 빠르게 연결되고 있다.

삼성패션연구소는 2019년을 전망하면서 패션이 단순한 의복을 넘어서 소비자들의 가치관을 투영하는 매개체가 되고, 이를 위해 뷰티, 라이프스타일 등 시너지를 낼 수 있는 영역으로 다양하게 확장될 것이라고 했다. 예전에는 패션이 자신을 표현하기 위한 대표적인 수단이었다. 그러나 2018년 소득 수준 3만 달러 시대를 기점으로 패션과 라이프스타일이 결합된 상품으로 자신을 표현하고자 하는 욕구가 커질 것으로 보인다.

안다르는 창업자의 열정과 헌신으로 놀라운 초기 성장을 일궈냈지만 여전히 패션 의류업체의 전통적인 성공 방정식을 따랐다. 좀 더 지속적인 성장과 애슬레저를 지향하는 브랜드라면 삶과 일상을 더 유연하고 여유롭게 만들어주는 다양한 라이프스타일 활동들을 기획하고 새로운 팬덤 문화로 고객들과의 소통을 끌어낼 수 있는 저력을 보일 것을 모두가 기대하고 있다.

**에어비앤비의 시작은
충성 고객**

　　　　　　　　　대박을 낸 기업이나 브랜드
의 성공 사례를 목격할 때마다 2가지 생각이 든다. 하나는 '나는 왜 이
모양이지?'라는 자책감이고, 또 하나는 '이들은 도대체 어떻게 해온 거
지?'라는 궁금증이다. 특히 사업 초창기에 어떻게 어려움을 극복하고,
어떤 의사 결정을 내렸으며, 어떻게 팀 빌딩을 해왔는지는 사업을 해
본 사람들이라면 항상 궁금해하는 대목이다.

　　몇 해 전 에어비앤비의 공동 창업자 중 한 사람이 방한했을 때 세
미나에 참석한 적이 있다. 세 명의 공동 창업자 중 CTO(최고기술책임

자) 역할을 하던 사람이었는데 생면부지에게 자신의 방을 공유하는 에어비앤비의 서비스 모델을 내놨을 때 처음에는 정신 나간 놈 소리를 많이 들었다고 한다.

카페에서 만난 투자자가 스무디를 절반이나 남겨둔 채 중간에 가버린 적도 있다는 것이었다. 자신들도 처음 숙박 예약자가 나타났을 때 놀랐을 정도였고, 초창기에 생계 유지를 위해 판매한 시리얼 오바마오(Obama O)의 인기가 좋아 언론에 알려졌다는 얘기 등 무용담(?)을 늘어놓았다. 하지만 그날 세미나에서 기억에 남는 것은 초창기 자연스럽게 이루어진 숙박 시설 주인들(호스트, host)과의 모임에 대한 이야기였다. 이들의 서비스가 공고해진 것은 방을 빌려준 초창기 40명의 호스트들 덕분이라고 했다.

호스트들을 일일이 만나거나 정기적인 모임을 가져서 서비스 개선을 위한 아이디어를 지속적으로 반영했다고 한다. 근사한 그림이나 사진 액자가 실내를 한층 돋보이게 한다든지, 시설 이용 시 여행자와 호스트가 어떤 정보를 주고받아야 할지, 결제는 언제 어떻게 할지 등 내부 회의실에서 상상했던 것과는 다른 예상치 못했던 점들을 공유한 것이다. 호스트들은 에어비앤비를 통해 자신들도 수입을 증대하고자 했고, 다른 호스트들과도 서로의 경험을 공유하며 함께 성장하는 일종의 팬클럽이나 마찬가지였다고 한다.

"에어비앤비 창립 초기였는데, 조(창업자 중 한 명)가 사이트를 둘러보라며 링크를 보내줬어요. 에어비앤비의 콘셉트가 정말 마음에 들었어요. 집에 손님을 부르거나 새로운 사람을 만나는 걸 정말 좋아하거든요. 그때는 나이도 젊었답니다. 제가 방을 써야 할 때는 예약을 차단할 수 있다는 점과 풀타임 룸메이트가 없어도 된다는 점이 정말 마음에 들었어요."(초창기 호스트 새라 프랑스, 에어비앤비 홈페이지 인용)

에어비앤비가 나중에 숙박 전문 컨설턴트를 고용해 체계적인 관리 운영 교육 시스템을 마련하기 전까지 초창기 세세한 운영 노하우는 열성적인 호스트들의 충고가 밑바탕이 되었던 것이다. 에어비앤비가 전 세계 여행자들에게 마법 같은 경험을 연결하고 공유하면서 기업 가치가 호텔 체인 힐튼 그룹을 추월할 정도로 성장하기까지 초창기의 호스트들이 선구적인 역할과 기여를 했다.

비단 에어비앤비뿐만 아니라 소셜미디어 시대에 접어들면서 최근 많은 기업들이 팬덤 현상에 주목하고 있다. 소비자가 곧 지원군이 되어 제품과 서비스에 실질적으로 유용한 아이디어를 제시하고, 기업의 철학이나 마케팅을 전파할 뿐 아니라 재미있는 스토리를 만들어내는 콘텐츠 크리에이터로 활약하기 때문이다. 팬으로 불리며 이들 브랜드를 열성적으로 지지하는 소비자들의 공통점은 '자발성'에 있다. 그들은 스스로 재미를 느끼며 마치 놀이하듯 브랜드를 즐긴다. 이는 단순히 자신이 좋아하는 브랜드를 넘어 자신의 정체성을 대변해주는 제품이라는 신념이 작동해 일종의 팬덤 현상과 같은 문화적 변화를 이끈다. 팬덤은 새로운 제품이나 서비스가 나올 때마다 자신의 블로그나 유튜브 등에 입소문을 내는 핵심 주역들이다. 팬덤이 소비 트렌드를 유도하는 지금, 브랜드는 팬덤에 어떻게 접근해야 할까?

팬덤 문화의
변화

　　　　　　　　　　　　팬덤 문화는 전통적으로 문화 상품의 생산자와 소비자가 직접적인 접촉과 교감을 나누는 쇼비즈니스 업계에서 많이 다뤄지던 영역이다. 브랜드와 팬덤의 연결점을 찾기 전에 쇼비즈니스 업계의 변화를 한번 살펴볼 필요가 있다. 최근 수년 동안 팬 문화, 콘텐츠, 미디어 연결 고리에 전반적인 변화가 누적되면서 완전히 새로운 시각으로 바라봐야 할 것들이 생겨나고 있다.

　예컨대 이미 전 지구적인 규모의 팬층을 가진 방탄소년단(BTS)의 등장은 달라진 미디어 환경과 이를 수용하는 문화 소비자들의 삶의 가치에 대한 해석으로까지 폭넓게 이어지는 현상을 볼 수 있다. 우선적인 변화는 음반이라는 핵심 상품이 디지털 음원과 뮤직비디오, 라이브 공연으로 다양해지면서 중간 유통 단계가 모두 유튜브나 브이앱, 사운드 클라우드(음원 판매 사이트) 등의 디지털 플랫폼으로 대체되었다는 점이다. 또한 이를 통한 음악에 대한 경험이 예전보다 훨씬 입체적으로 변하고 소통 수단도 SNS로 확장되면서 아티스트의 성장 과정, 삶의 철학과 가치가 문화 수용자의 라이프스타일과 충분한 일체감을 이루는 팬덤 문화로 진화되기 시작한 것이다.

　BTS 이전에 가장 뚜렷하게 마이크로 미디어로 팬덤을 이끈 아티스트로 레이디 가가를 꼽을 수 있다. 최근 영화 〈스타 이즈 본(A Star Is Born)〉에서 열연하며 아카데미 주제가상을 수상한 레이디 가가는 이미 오래전 유튜브에서 10억 뷰, 페이스북 팔로워 천만 명을 최초로 달성한 아티스트다. 상상을 초월하는 파격적인 의상과 기행적인 퍼포먼스로 확고한 이미지를 지니고 있는 레이디 가가는 SNS에서도 최고의 이목을 끄는 스타다. 하지만 역설적이게도 레이디 가가는 대중을 상대로 마케팅을 하지 않는다. 그녀에게 열광하는 극소수의 팬들만(1%) 웹사이트(littlemonsters.com, 앱으로 전환)로 초대하고 그들과 같이 거리에서 춤을 추고 인권 운동도 같이한다.

"사람들은 상품 자체를 원하는 것이 아니라, 상품을 통해 자신의 가치관과 꿈꾸는 라이프스타일을 완성하기를 바랍니다. 각자가 그리는 이상적인 삶의 방식, 혹은 한 번쯤은 맛보고 싶었던 흥미로운 세계로 연결되고 싶어 하는 것이죠. 이러한 의미에서 이미지는 소비자들의 기대와 경험을 연결해주는 다리입니다. 이미지를 마케팅에 잘 활용하는 브랜드는 소비 행위가 끝난 후에도 소비자의 마음에 여운을 남기는 브랜드가 될 수 있을 것입니다."

마케팅 전문가 재키 후바는 《광팬은 어떻게 만들어지는가(Monster Loyalty)》에서 레이디 가가가 뛰어난 재능뿐만 아니라 강력한 팬 로열티(충성도)를 이끌어냈고, 그것을 생성하기 위해 팬에게 메시지를 전달하여 영감을 주고, 이로써 똘똘 뭉친 커뮤니티를 구축한 것이 성공의 핵심이라고 분석했다.

"그동안 (안 좋은 소리) 많이 들었어요. 너무 튄다거나, 너무 가식적이어서 틀에 맞지 않는다는 식이었죠⋯⋯. 나는 나를 이해하지 못하는 사람들을 별로 중요하게 생각하지 않았어요."(레이디 가가, 〈코스모폴리탄〉 인터뷰) 기상천외한 의상과 기괴한 헤어스타일만 보고 비웃는 사람들이 있

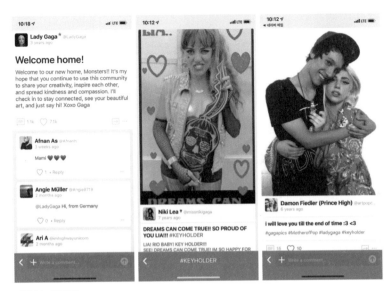

리틀몬스터 앱 화면

으면, 가가의 팬들은 곧장 휴대전화를 꺼내 가가의 영상을 보여주며 그녀의 뛰어난 가창력과 연주 실력을 증명한다. 이들이 가가의 핵심 팬층이다. 가가는 이런 골수 팬클럽 리틀몬스터에 집중 투자한다. 신인 시절 자신을 응원해준 팬의 의리에 반드시 보답하리라 다짐했고, 이를 지키는 것이다.

2012년 레이디 가가는 1,000명의 핵심 팬층만을 위한 웹사이트(이후 앱으로 바뀌었다)를 만들어 직접 자기 프로필을 작성하고 팬들과 소통했다. 팬이 게시한 작품에 하트를 붙이고 자신의 트위터에 이를 직접 공유하기도 했다. 공연에 가장 먼저 도착한 팬에게 몬스터 피트 키(monster pit key)를 주고, 공연 후 일대일로 만나 팬의 사진에 사인을 해주고 팬 사이트에 게시해 슈퍼스타로 만들어준다. 핵심 팬층만을 위해 가장 감동적인 팬 서비스에 정성을 쏟는다.

아웃사이더에 대한 배려, 성소수자(LGBT)에 대한 관심 등 더 나은 세상을 만들기 위해 가능한 수단을 총동원하는 가가의 열정을 보여주고 여기에 동참해달라는 메시지가 젊은 세대를 변화시키고 있다는 점이 팬덤을 더욱 단단하게 뭉치는 핵심이다. 이런 팬층과의 소통 방식은 정치 또는 사회적으로 예민한 사안을 일부러 피해왔던 대중적인 팬덤 마케팅 방식에서 벗어나는 것이다. 유사한 방식으로 BTS의 팬덤도 자신을 아끼고 사랑하라(Love Yourself)는 가치 지향적 메시지를 함께 공감하는 형태로 진화했다.

브랜드를 하나의 인격체로
대하는 팬덤 문화

아티스트와 팬처럼 영향을 주고받는 관계가 이제는 매스미디어의 해체, 마이크로 미디어의 확산으로 특정 영역에 국한되지 않고 사회적인 현상이 되었다. 기업과 고객의 관계에서 소비자는 브랜드를 추종하는 것을 넘어 문화와 콘텐츠를 생산하고 트렌드를 주도하며 비즈니스의 성패를 좌우하기도 한다.

마치 브랜드를 하나의 인격체처럼 대하는 팬 문화의 시대를 맞이하게 되었다. 일반적인 서포터스나 온라인 체험단·홍보단과는 달리 브랜드의 팬층은 스스로 콘텐츠를 생산하고 브랜드의 가치, 창업자의 신념, 매장 공간의 인테리어 등을 자발적으로 전파한다. 팬덤을 형성하려면 몇 가지 공통적으로 발견되는 요소를 참조해야 한다.

- 팬들이 퍼 나르고 공유할 만한 가치가 있는 콘텐츠를 만들어라.
- 소수의 핵심 고객에 집중하라.
- 팬층의 데이터를 관리하라.

요즘은 모든 기업이 홈페이지와 SNS를 관리한다. 뉴스룸 형식으로 사내외에 소식을 전달함으로써 자사 브랜드와 고객들의 접점을 유지하고 있다. 고객은 필요에 의해서 상품을 선택하지 않고 자신의 라이프스타일 속에서 자신이 추구하는 삶의 가치에 맞는 브랜드를 선택한다. 브랜드가 생명력을 가지려면 온라인이든 오프라인이든 고객에게 최적화된 경험을 제공해야 한다. 똑똑한 기업은 1%의 팬층을 사로잡는 데 집중하면서 지속적인 성장을 도모한다. 여기서 한 방이란 없다. 장기간의 집중과 인내할 수 있는 라이프스타일 기획만이 성공을 위한 길이다.

나 혼자 걸으며 느꼈던
혼라이프의 여유

　　　　　　　　　　　　매주 토요일마다 서울 시내
를 걷는 여행을 했다. 2013년부터 6~7년간 거의 빠짐없이 걸었는데,
아쉽게도 미세먼지가 기승을 부리면서 스스로 뜸해졌고, 최근엔 코로
나로 외부 활동이 조심스러워지기도 했다. 처음에는 여럿이 함께 모
여서 걷는 모임이었는데 나중에는 혼자 걸을 때가 더 많았다. 여럿이
걸을 때는 서울 시내 곳곳의 유적지와 표지석, 랜드마크, 핫플레이스
를 돌아다니면서 제각기 역사, 건축, 미술, 식물 등에 관한 인문학적
경험과 지식을 나누고 귀동냥하는 집단 지성의 즐거움에 시간 가는

혼자 걷기 여행 중 셀카

줄 몰랐다.

　혼자 걸을 때는 처음에 무작정 걷다가 나중에는 어디로 갈지 고민한다. 어떨 땐 정동이나 이태원, 성수동 등 한 지역을 정해서 몇 달 동안 그곳만 걷기도 하고, 또 어떨 땐 서점 투어나 커피 투어 등 관심 테마를 정해서 걷기도 했다.

　혼자 선택하고 혼자 생각하는 시간이 많아지면서 호기심과 관찰의 즐거움은 배가 되었고, 자연스럽게 자기 성찰의 시간이 되었다. 우연히 길게 줄이 늘어선 작은 식당을 만나면 나도 슬쩍 대열에 합류해본다. 무더운 여름 피서를 하려고 미술관으로 들어가 작품도 보지 않고 복도에 앉아서 꾸벅꾸벅 졸기도 했다. 혼자 걸으면 누군가에게 억지로 맞장구칠 필요도 없다. 다음에 어디로 갈지 어떤 음식을 먹을지 상대방을 배려하느라 에너지를 쓸 필요도 없다. 그동안 나 아닌 타인에게 불필요한 요구와 의무를 다하느라 정작 나한테 집중하지 못했다는 생각도 문득 들었다.

생전 처음으로 느리든 빠르든 나만의 리듬과 속도로 세상을 유영하는 여유를 즐겼다. 어쩌다 보니 매주 토요일 오전에 혼자 걷기를 통해 미리 혼라이프를 맛본 시간이었다. 예전에는 혼자 밥 먹고 혼자 떨어져 나오면 사회 부적응자가 된 듯했지만, 요즘 혼라이프의 이미지는 그렇지 않다.

일본의 철학자 사이토 다카시는 《혼자 있는 시간의 힘》에서 스스로에게 기대하는 에너지를 '자기력(自己力)'이라고 명명했다. 혼자만의 시간을 스스로 단련하거나 에너지를 기술로 전환하는 시간으로 파악해야 한다면서, "누구에게나 혼자 있는 시간이 필요하다. 중요한 순간일수록 혼자가 돼라. 혼자 있는 시간이 나를 더욱 단단하게 만든다"고 했다.

그리고 남의 인정에 기대지 말고 자신에게 집중하라고 했다. 우리는 항상 무리 속에서만 지내왔고, 그 속에서 남들보다 더 인정받기 위해 경쟁했다. 무리에서 떨어져 나와 보면 뜻밖에 단단한 행복감을 얻기도 한다.

**혼자 떨어져 있어도
우리는 서로 연결되어 있다**

하지만 엄밀히 말하면 우리

50

는 완전한 혼자가 아니다. 사실상 완전한 혼자가 되기 어렵다고 하는 것이 더 정확하겠다. 스마트폰 열풍과 함께 SNS가 생활 곳곳에 침투하면서 우리는 혼자 떨어져 있어도 항상 무리와 연결되어 있다. 혼자라는 것에 행복감이 충만하면서도 그 순간의 사진을 SNS에 올리고 '좋아요'를 기다린다. 외로움을 느낄 때마다 온라인에 접속한다. 누군가로부터 관심과 자극을 받고자 끊임없이 탐색한다. 이는 곧 관계에서 스트레스를 받지만 관계에 대한 열망은 여전히 남아 있는 상태가 아닐까.

우리는 테크놀로지를 통해 그 어느 때보다 강력하게 연결되어 있다. 물리적으로는 무리와 떨어져 있지만 연결 장치를 통해 언제나 무리 속에 머물러 있는 셈이다. 미국 매사추세츠 공과대학(MIT) 교수 셰리 터클은 테크놀로지와 인간관계를 조명한 《외로워지는 사람들(Alone Together)》에서 "테크놀로지는 우리의 약점과 만날 때 매력적이다. 우리는 정말 상처받기 쉬운 존재다. 외로움을 타면서도 친밀해지길 두려워한다"고 얘기했다.

서로 적당히 거리를 두고 지내는 데서 편안함을 느끼는 나홀로족이 넘쳐난다. 그러면서도 SNS에서 다른 사람들의 관심과 자극에 목말라한다. 알게 모르게 우리는 효율적인 일처리가 아니라 효율적인 관계를 위해 기계를 더 많이 이용하고 있다.

관계의 결핍은 일상의 소비 패턴에도 적극적으로 반영되고 있다. 특히 Z세대(1990년대 중반~2010년대 초반 태어난 세대)와 밀레니얼 세대(1990년대 태어난 세대)가 소비 트렌드를 주도하면서 더욱 주목받고

뉴욕에 있는 완전 조립식 초소형 아파트 카멜 플레이스
출처: 〈뉴스위크〉 한국판

있다. 젊은 세대일수록 온라인 게임이나 모바일 매체를 가지고 혼자 노는 데 익숙하다. 가족의 관심과 애정을 한몸에 받고 자란 아이들이 자기애적 성향이 더 강하다. 하지만 방식이 다를 뿐 관계의 욕구와 서로의 외로움을 자극하는 경향은 온·오프라인에 걸쳐 모든 연령대에서 나타나고 있다.

인스타그램에서 '#탕진잼'이라는 해시태그를 검색하면 24만 개의 게시물이 뜬다(2020년 9월 현재). 이는 소소하게 낭비하면서 자신을 극적으로 과장하는 행위를 말한다. 주머니 사정이 빈약한 청년들도 얼마든지 할 수 있는 자극적인 유희다. 한마디로 돈은 부족하지만 인스타그램에 자랑거리를 재미 삼아 만들어 올리는 놀이다. 혼자 있어도 언제 어디서든 연결되고자 하는 욕망과 그것을 파고드는 테크놀로지의 발달로 이미 관계의 결핍과 혼라이프는 전 세계를 관통하는 메가트렌드가 되었다. 미디어에서도 혼자 사는 노하우를 보여주거나 멋있는 삶인 것처럼 우리를 자극한다. 이런 현상이 어떻게 진화해갈까? 모든 라이프스타일 기획에 있어 떼려야 뗄 수 없는 중요한 분야이다.

혼라이프스타일이 의식주의
소비 패턴을 바꾼다

세계에서 1인 가구가 가장 많은 나라는 미국이다. 2020년 미국의 1인 가구는 전 세계에서 가장 많은 3,600만 가구, 중국 3,100만, 일본 1,800만, 인도 1,700만 가구 순으로 전망한다. 선진국일수록 1인 가구 비중이 높아 소비의 패러다임이 바뀌고 있다. 그중 1인당 평균 소비 액수가 높은 고소득 싱글족의 경제적 영향력이 점점 더 커질 것이라는 전망이다.

가령 뉴욕은 1~2인 가구 비중이 무려 전체의 63%를 차지하며 도시 경제의 주류를 이루고 있다. 통계청의 전망에 따르면 우리나라 1인 가구의 수는 1980년 20가구 중 1가구에서 2010년 4가구 중 1가구로 급증했다. 2035년쯤에는 국내 1인 가구가 전체 가구의 34%, 3가구 중 1가구 이상으로 가구 구성 중 최대 비중을 차지할 것이라고 한다. 1인 가구가 갈수록 늘어나는 가장 큰 이유는 우리 사회의 결혼관 및 라이프스타일 변화에 소득의 정체까지 반영되면서 만혼, 비혼 인구가 급속히 증가하기 때문이다.

1인 가구 솔로족의 등장은 라이프스타일의 변화에 가장 밀접한 영향을 주고 있다. 이는 특정 세대에만 한정되지 않고 나이, 소득, 성별 등 다양한 측면에서 폭넓게 나타나고 있다. 의식주에 걸친 라이프스타일과 소비 패턴에도 반영되면서 기업의 제품과 서비스 전반에 지각변동을 일으키고 있다. GS건설은 2012년 '자이엘라(Xi-ella)'라는 브랜드를 앞세워 소형 주택시장에 첫발을 들어놓았다. 첫 번째 공략 지점으로 서울 신촌 일대를 비롯해 연희동, 건국대 등 젊은 층이 밀집한 지역을 중심으로 평균 청약 경쟁률 9 : 1을 기록하며 성공적인 론칭을 했다는 평가다.

"수년 전만 해도 중대형 아파트가 주택시장을 이끌었지만 이제는 싱글족과 1~2인 가구 증가, 핵가족화 등으로 소형 주택 수요가 급증하고 있다. 주택시장 수요 변화에 적극 대응하기 위해 자이엘라 사업을 시작했다"(《솔로 이코노미》, 조선e북 편집팀)고 GS건설 관계자는 밝혔다. 다른 건설업체들도 앞다퉈 뛰어들면서 소형 주택 브랜드는 침체된 아파트 주택시장의 새로운 각축장이 될 것으로 보인다.

1인 가구 솔로족의 취향에 맞춰 유통업계에서는 소용량 소포장 제품이 인기몰이를 하고 있다. 편의점 CU에서는 솔로족을 겨냥한 다양한 제품들을 판매하고 있는데, 그중 컵과 와인이 결합된 미니 와인 '비노솔로'는 아이디어가 반짝이는 제품이다. 가격도 187mL에 4,000원으로 병이 아닌 페트병에 담겨 있고 컵이 마개 형식으로 부착되어 있어 와인잔과 오프너 없이도 편리하게 와인을 즐길 수 있다. 소포장 소용량의 간편함과 더불어 작은 사치, 스몰 럭셔리를 추구하는 싱글 남녀들을 겨냥한 제품이다. 밥값은 아껴도 자기가 좋아하는 것에는 아낌없이 투자하며 값비싼 제품을 소비하는 것과 유사한 혼라이프스타일의 심리다.

예전에는 생맥주만 잔 단위로 판매했다. 하지만 작은 사치를 즐기는 혼술족이 늘어나면서 와인, 전통주, 사케 등 잔 단위로 판매하는 주종이 늘어나고 있다. 저성장 불황의 시대에 비싼 술값에 부담을 느낀 혼술족들의 프리미엄 소비 욕구를 충족하는 것이다. 나홀로족의 작은 사치는 장기적인 시각의 소비라기보다는 현재 지향적이고 감각 지향적이며 가치 소비의 형태를 띤다. 오히려 1인 가구의 솔로족들이 건강을 더 세심하게 챙긴다고 한다. '나'가 중심이 되는 라이프스타일과 함께 나를 위한 투자를 중시하는 것이다. 이는 저성장 불황기와 맞물려 완전한 가성비 소비와 고가의 프리미엄 제품 소비로 양극화하는 추세를 보일 것으로 전문가들은 예측하고 있다.

1인 가구가 만들어내는 변화는 가히 놀랍다. 의식주를 비롯해 소비 행태, 인간관계 등 거의 모든 분야에 걸쳐 라이프스타일 전반에 변혁이 이루어지고 있다. 개인이나 기업이 생존하려면 이런 변화의 흐름을 읽어내야 한다.

머리는 샤넬, 가격은 다이소,
선택은 이케아

"나의 작은 달팽이집은 망원동에 있다. 빌라 4층에 투룸 월세로 살고 있는데 내년 계약이 끝나면 집주인이 월세를 올릴 것 같다. 망원동 집값이 너무 올랐다. 인터넷에서 본 스웨덴 인테리어 사진을 참고해 집을 북유럽 스타일로 인테리어하는 게 취미다. 서랍, 침대, 옷장, 샤워커튼, 컵 등 이케아 가구와 잡화를 주문해 집을 꾸민다. 내구성은 다소 떨어지지만 세련되고 감각적이라 스타일링하는 데 경제적이다. 2년마다 이사할 때 가져가도 그만, 버려도 그만이다. 결혼한 언니도 이케아로 혼수를 마련했다. 아이가 생기면 가구가 망

IKEA 2020 카탈로그 표지

가지고, 언니네도 2년마다 이사해야 해서 내 집을 마련하기 전까지
좋은 가구를 들여놓기 어렵다고 한다. 세련되면서도 저렴해 친구들
도 이케아 가구로 혼수를 준비한다는 얘기다."

— 전명수, 《이케아 세대 그들의 역습이 시작됐다》

2030세대의 이야기다. 저성장과 고령화라는 악재가 겹쳐 저출
산, 만혼, 비혼, 1인 가구의 라이프스타일로 생존 모델을 만들어내
고 있는 세대다. 이들 삶의 특징과 스웨덴 가구 브랜드 이케아(IKEA)
가 지향하는 라이프스타일의 특성이 닮아 있다는 데서 '이케아 세
대'라는 말이 나왔다. 흔히 밀레니얼 세대, Z세대로 불리는 젊은 층
들은 '졸업—취업—결혼—출산'이라는 기성세대가 짜놓은 라이프

사이클에서 벗어나 있다. 이들은 단군 이래 최고 학력의 스펙을 갖췄지만 현실적으로는 일자리 부족과 저소득의 경제 상황에 놓이면서 새로운 인생 모델을 찾아 나서야 한다.

불안정하고 위태로운 경제 상황에서 생존 기술을 터득하여 남보다 나에게 집중하는 삶을 영위하며 소소하고 확실한 행복을 위안으로 삼는다. 이케아 세대의 소비 스타일은 합리적이고 실용적이다. 과시 욕구를 채우기 위해 명품과 사치품을 소비하는 베블런(Veblen) 효과는 이들에게 맞지 않다. 맥락 없는 사치품보다 합리적인 사용 가치를 더 중시한다. 비싼 것 하나를 사서 오래 쓰기보다 저렴하면서 맘에 드는 물건을 구입해 적당히 쓰고 교체하는 스타일이다.

이들은 가성비에 디자인이 훌륭하고 실용성까지 갖출 뿐 아니라 본인들이 원하는 가치관과 라이프스타일을 구체화하는 브랜드를 찾는다. 해외에서 단기간 아파트를 렌탈해서 살아본 유학생들이 이케아를 만났고, 이들의 경험을 거쳐 이케아가 한국으로 상륙했다. 현재 국내에는 광명점, 고양점, 기흥점이 있고 2020년 2월에 동부산점이 새로 오픈했다. 모두 서울 도심에서 밀려난 젊은 부부와 직장인들의 입주가 늘어나고 있는 지역이다. 거기에다 최근에는 '이케아 플래닝 스튜디오'라는 도심형 매장도 천호, 신도림에 오픈했다. 늘어나는 홈퍼니싱에 대한 상담창구의 역할을 좀 더 가까운 접점에서 수행하려는 의도다.

이케아는 2년마다 전월세를 갈아타며 집을 옮겨야 하는 젊은 층에게 최적의 솔루션이다. 내 집 장만에 성공한 사람은 이케아 가구로 집을 꾸미지 않는다. 이케아 세대는 값은 저렴해도 뭔가 삶의 철학과 가치관을 가진 고급 문화로 인식되는 북유럽의 라이프스타일을 선망한다. 이케아는 화려함 대신 심플함과 미니멀리즘, 친환경, 워라밸을 중시하는 라이프스타일을 의도적으로 건드린다. 과연 이케아는 어떻게 이들의 라이프스타일을 반영하기 시작했을까?

선한 의지의 스토리텔링으로
글로벌 브랜드가 되다

> "이케아는 단순히 디자인 상품을 파는 데 그치지 않고, 더 나아가 스칸디나비아의 이미지를 판매하고 있어요. 이케아는 '스웨덴스러움'을 하나의 덕목으로 정립하는 한편, 브랜드 전략의 핵심 요소로 삼고 있습니다."
>
> — 사라 크라스토페르손,《매거진B. IKEA》, ISSUE No.63

이케아는 브랜드 로고부터 스웨덴의 이미지를 그대로 차용했다. 파란 바탕에 노란 로고 타입은 스웨덴 국기를 연상시킨다. 제품명도 스웨덴 혹은 스칸디나비아와 연관이 있고, 매장 내 레스토랑도 '스웨덴 맛'을 제공한다는 목표로 스웨덴 요리를 판매한다(현지화된 메뉴도 있다). 이미지, 상징, 비유 등 다양한 장치들을 통해 일관된 메시지를 전달한다. 스웨덴이라는 국가가 가진 진보성, 사회민주주의를 지향하는 삶, 현대적인 디자인을 표방한다. 이케아는 스웨덴스러움을 브랜드의 정체성으로 삼으면서도 어떻게 49개국에 진출한 글로벌 브랜드로 확장해갈 수 있었을까? 무엇보다 기업의 시작과 전개에서 창업 동기와 선한 의지를 담은 스토리텔링이 강력한 힘을 발휘했다.

"이케아에 도움이 될 만한 요소들을 발견하기 위해 캄프라드는 종종 밀라노 가구 박람회를 찾았다. 박람회에 전시된 디자이너의 가구들은 개인적으로 관심을 가질 수 없었다. 그리고 그 가격을 스웨덴 크로나로 환산해보고는 몸서리를 치기도 했다. 그 밖에 그는 박람회에 전시된 가구들이 이탈리아 사람들의 실제 삶과는 동떨어져 있음을 알고 크게 놀랐다."

뤼디거 융블루트는 《이케아, 불편을 팔다》에서 창업자 잉그바르 캄프라드가 어떤 생각으로 조립식 대량생산 방식을 고안했는지 설명한다. "'보기에만 좋은 것이 아니라 처음부터 기계식 대량생산에 적합하고 값싸게 생산할 수 있는 디자인이어야 합니다.' 후일 이케아 마케팅 이사는 그런 생각을 설명하기 위해 '민주적인 디자인'이라는 개념을 이용했다."

이케아가 말하는 민주적인 디자인은 곧 '모두를 위한 디자인'이다. 여기에 어린이, 노약자, 임산부도 불편 없이 쓸 수 있을 정도의 적절한 기능성, 경제적 부담을 느끼지 않고 살 수 있는 가격까지 갖춰야 한다. 3,000유로짜리 책상 디자인은 어떤 디자이너도 할 수 있다. 정말 훌륭한 책상이라면 기능적이고 수려하면서 단 200유로에 팔 수 있어야 한다는 개념이다.

현재 스웨덴 남부 엘름홀트(Älmhult)에는 이케아의 심장부와도 같은 민주적 디자인 센터(Democratic Design Center)라는 건물이 있다. 매년 열리는 일종의 이케아 전시회의 날도 민주적 디자인 데이(Democratic Design Day)라고 명명한다. 단순히 네이밍 차원의 스토리텔링이 아니다. 이케아의 모든 디자인은 단순 조립식 가구를 설계하는 것이 아니라 극한의 효율과 아웃소싱을 추구한다. 제품은 개발 단계부터 최대한 낮은 단가로 기획되고, 소재 선택부터 운송에 이르는 모든 항목을 조율하고, 이를 위한 치밀한 제작 및 운송 프로세스를 관리한다. 이와 동시에 그 모든 것을 통합하는 이미지 묘사는 간결하다. '북유럽의 민주주의 정신을 담은 합리적 고품질 가구'. 이렇게 이케아는 압도적으로 낮은 가격과 견고한 프리미엄 브랜드 이미지라는 어울리지 않는 2가지 요소를 스토리텔링으로 묶어냈다.

이케아의 스토리는
잘 짜여진 혁신 스토리

이케아의 혁신 스토리도 잘 짜여진 조립품처럼 견고하다. 처음에는 이케아도 경쟁사와 마찬가지로 완성품 가구를 팔다가 1950년대 초 당시 디자이너가 테이블을 자동차 트렁크에 집어넣으려는데 공간이 부족해 다리를 떼어내 상판과 겹쳐 실었던 경험에서 발상의 전환을 이루었다. 혁신적인 DIY 조립식 가구 설계와 플랫팩 방식(flat-pack, 납작한 상자에 부품을 넣어서 파는 자가 조립용 가구)을 통해 유통 구조를 단순화하고 인건비와 물류비

용도 파격적으로 줄이면서 컨테이너 안에도 빈틈없이 쌓을 수 있게 만들어서 장거리 해외 운송에도 더 유리한 경쟁력을 확보했다.

현재 이케아의 모든 제품은 생산 단계부터 플랫팩 형태로 유통할 수 있도록 설계하고 디자인한다. 글로벌 브랜드로 성장한 이케아는 여기에 안주하지 않고 대량생산의 조립식 가구가 가질 수밖에 없는 몰개성의 취약점을 보완하기 위해 다양한 크리에이터 또는 브랜드와 콜라보 작업을 해나갔다. 한 발 더 나아가 오픈 이노베이션을 도입하고 있다. 소비자가 제품 개발에 개입하고 기업은 플랫폼이 되는 것으로, 철 지난 헌 제품을 새롭게 활용하는 방법을 전 세계 사람들과 공유하는 홈페이지(ikeahackers.net)를 열었다. 2006년 줄스 얍(Jules Yap)이 만든 이 웹사이트는 트렌드에 민감하고 자신만의 개성을 드러내고자 하는 수많은 이들 사이에 빠르게 퍼져나갔다.

이케아 제품은 전 세계 어느 나라나 비슷하기 때문에 홈페이지에 올라온 재활용 디자인은 이케아 가구를 사용하는 사람이라면 누구나 활용할 수 있다. 책장을 옷장으로 만들거나 서랍장을 연결해 테이블을 만드는 등의 재활용 방법들이 올라와 있다. 고가 가구 브랜드에 비해 상대적으로 내구성이 낮고 트렌디한 제품이 많은 이케아에 새로운 아이디어를 공급하는 것이다.

2000년대 중반부터 유럽을 중심으로 퍼지기 시작한 이케아해킹(IKEAhacking)은 이케아 가구를 자신의 취향과 필요에 따라 분해하고 재생산하는 행위를 말한다. 이것은 문화 운동처럼 서브컬처(subculture)로서 하나의 커뮤니티가 되었다. 2010년 빈에서 열린 전시회 '이케아 현상(The IKEA Phenomenon)'에서는 이케아의 대표 제품 및 컬렉션과 함께 이케아해킹 사례들을 모아 전시하기도 했다.

라이프스타일의 혁신적인 플랫폼으로서 한 단계 더 나아간 이케아는 이미 유럽 전역에 걸쳐 중저가 체인 호텔과 학생 기숙사를 설립한다는 계획을 발표했다. 또한 주택, 상점, 사무실로 구성된 '이케아빌(IKEA Vill)'을 개발하기 위해 독일 함부르크에 최소 1만 3,900제곱미터 이상의 부지를 찾고 있다. 이케아 스토리의 시작은 플랫팩 가구, 다음은 호텔, 이제는 하나의 타운을 만드는 것이다.

끊임없이 변하는 사람들의 실제 삶 속으로 파고들다

이케아 혁신의 원동력은 끊임없는 라이프스타일 연구에 있다. 이케아는 2014년부터 라이프스타일에 대한 심층적인 조사와 연구활동을 펼치기 시작했다. 그중 하나가 전 세계 고객의 집을 직접 방문하는 '홈비짓(Home Visit)'을 통해 다양한 모습의 삶과 일상의 필요에 관한 데이터를 수집하고, 이를 제품 개발에 반영하는 것이다. 2014년부터 이케아는 매년 실제 삶을 들여다보고 사람들의 라이프스타일 니즈를 분석하고 수집해서 '라이프앳홈(life at home) 리포트'로 정리해 웹사이트에 공개한다. 2019년에는 '프라이버시(privacy)에 대한 탐구'를 바탕으로 개인 공간을 찾고자 하는 욕구를 집에서 어떻게 해결해나갈 수 있을지 전 세계 3만

2019년 이케아 라이프앳홈 리포트
출처: 이케아 홈페이지(lifeathome.ikea.com)

3,500명을 대상으로 조사했다.

이외에도 이케아는 보다 나은 삶을 위해 다양한 측면에서 입체적으로 라이프스타일을 관찰해왔다. 리서치를 시작한 2014년에는 '세상의 아침(A World Wakes Up)'을 시작으로 '요리하는 시간(Tasting The Moment)', '집의 요건(What Makes a Home?)' 등을 주제로 사람들의 일상을 살폈다. 가령 '집은 전쟁터(Beating the Battles)'라는 주제에서 사람들이 넘쳐나는 물건들로 스트레스를 받고 있다는 연구 결과가 나왔다. 이에 대해 이케아는 어떤 솔루션을 제공할 수 있을지 고민한 결과 등장한 것이 바퀴로 이동할 수 있는 가구 설계이다. 사람들의 삶은 끊임없이 변화하므로 라이프스타일을 지속적으로 관찰하고 이것을 다시 제품 개발과 연구에 반영하는 것이다. 이는 이케아 창업자 잉그바르 캄프라드(Ingvar Kamprad)의 '많은 사람들을 위한 더

이케아 창업자 잉그바르 캄프라드
출처 : 온라인미디어 Curbed(curbed.com/2016/7/20/12212782/ikea-almhult-sweden-travel)

좋은 생활을 만든다(To create a better everyday life for the many people)'
는 비전을 실현하기 위한 활동이다.

얼마 전까지만 해도 전 세계에서 도시 인구는 30% 정도였는데,
지금은 50%, 머지않아 70%가 도시로 몰려올 것으로 전망된다. 삶
의 공간이 좁아지고 밀집될수록 주거 환경은 서로에게 더 많은 영향
을 주고받는다. 그에 따라 자기만의 공간에 대한 라이프스타일 솔
루션을 찾아 나서는 사람들이 많아질 것이다. 주거 공간이 작아질
수록 실용적인 디자인이 각광받을 것이고, 개인이 주체적으로 이끄
는 라이프스타일 디자인이 미래 공간을 차지할 것이다. 이케아가
이끌어가는 홈퍼니싱(Home Furnishing)은 미래의 공간을 창조해가는
비즈니스인 동시에 세계 최고의 라이프스타일 기업이 성장해가는
흥미로운 스토리텔링이 될 것이다.

문제가 없다면
우리가 만들 필요 없다

무인양품(MUJI, 무지) 매장은 주로 백화점 1층 입구 근처에 있어 약속 시간을 기다리는 동안 잠깐씩 둘러보곤 한다. 점원들은 매장 방문객들을 자유롭게 내버려두는 편이라 눈치 볼 것 없이 한가롭게 둘러볼 수 있다. 다양하게 진열된 상품에서 문득 특이한 점을 발견한다. 상품 태그마다 해당 상품의 개요(?) 같은 내용이 적혀 있다는 점이다.

이 상품을 만든 목적이나 특징적인 이유 등을 한 문장으로 정리한 것이다. 가령 노트는 "불필요한 가공이나 장식을 생략하였으며

무인양품 상품 태그

이러이러한 제본 방법으로 만들었습니다", 티셔츠 하나에도 "목둘레의 사양에 신경 써서 착용감이 좋고 튼튼하다" 등 일종의 자기소개서를 간략하게 표기했다. 대개 가격이나 규격, 소재를 의무적인 성분 표기 형식으로 라벨이나 사용 설명서에 적는 것과는 다르다. 마치 진열 상품들이 저마다 내가 왜 태어났는지, 어떻게 만들어졌는지 이야기하는 일종의 선언문 같다.

처음 봤을 때는 일본 스타일답게 뭔가 통일된 매뉴얼 같은 것인가 싶었다. 그러다 2018년 무인양품 CEO 나루카와 다쿠야가 디자인 책 출간을 기념해서 한국을 방문해 상품 개발 단계를 설명할 때

그 이유를 알게 되었다.

무인양품은 개발 센터 미팅이라는 3단계에 걸쳐 상품 개발 양산이 이뤄진다고 한다. 첫 번째 퍼스트 샘플(first sample) 단계에서는 어떤 상품을 만들 것인지 아이디어를 논의한다. 상품 구성 요소에서 어떤 문제점이 있는지, 고객들의 이러이러한 불만을 해소하려면 어떤 상품을 만들어야 할지 질문에 답변하는 단계이다. 기본적으로 이런 상품에 아무런 불만이 없다면 우리가 굳이 만들 의미가 없지 않겠느냐 하는 질문을 던진다. 디자인, 소재, 가격 등에서 어떤 문제를 해결해야 할지 논의하고 통과되어야 한다.

두 번째 세컨드 샘플(second sample) 단계에서는 앞 단계를 통과한 상품을 실험적으로 만들어서 샘플로 내놓고 디자인 측면을 확인받는다. 세 번째 파이널 샘플(final sample) 단계에서는 실제로 이 상품을 양산할 경우 어떤 형태로 발매될지를 판단한다. 그런 다음 경영진들의 상품 전략회의에서 어떤 점이 무인양품다운 것인가를 검토한다. 이 과정이 모두 통과되어야 최종 상품이 시장에 출시된다. 이 상품을 왜 만들어야 하는가? 상품 개발 과정에서 본질적인 질문을 던지는 기업, 그리고 이를 모든 상품의 태그에 매니페스토(manifesto, 선언문)처럼 표시하고 유통 소비 단계까지 기본 사상과 철학을 유지하는 것이다.

그뿐 아니라 극도로 절제된 색감, 로고도 붙이지 않는 심플한 디자인으로 상품의 본질에 충실하는 일관성을 유지한다. 7,000여 가지에 이르는 다양한 상품 구성에도 결코 흔들리지 않고 잘 설계된 브랜드 스토리, 이 모든 것을 단단하게 유지하는 조직력. 무인양품이 가진 보이지 않는 매력을 이해하고 매장을 돌아보면 가끔 감탄사가 절로 나온다. 이케아가 북유럽의 라이프스타일을 대변한다면 미니멀 라이프스타일을 전 세계적으로 이끄는 것은 무인양품이라 할 수 있다. 이렇게 이끌어올 수 있는 힘은 어디에서 나오는 것일까?

'바로 이거야'가 아니라
'이거면 충분해'

미니멀한 라이프스타일은 전 세계적인 트렌드다. 한국에도 젊은 층을 중심으로 세련된 라이프스타일로 받아들여진다. 《무인양품으로 시작하는 미니멀 라이프》, 《무인양품으로 살다》, 《오늘부터 미니멀 라이프 : 무인양품으로 심플하게 살기》 등의 책도 나왔다. 미니멀 라이프스타일에서 무인양품은 독보적인 위치를 차지하는 만큼 마케팅에 관심 있는 사람들 사이에서 무인양품이라면 무조건 칭송하는 팬심이 형성되기도 했다. 이들을 속칭 무지러(MUJIRER)라고 부른다.

노(No) 브랜드, 노(No) 마케팅, 노(No) 디자인. 상품에서 마케팅 활동의 흔적이 잘 드러나지 않는 '보이지 않는 마케팅'이야말로 가장 무지다운 특성이다. 이처럼 무인양품은 전혀 다른 유의 브랜드 스토리를 만들었다.

무인양품의 브랜드 전략을 지휘한 하라 켄야는 《디자인의 디자인》에서 이렇게 설명한다. "수많은 브랜드가 그러한 방향성을 추구한다면 무인양품은 그에 반대되는 방향을 목표로 해야 한다. 즉, 이것이 좋다가 아니라 이것으로 충분하다를 목표로 삼는 것이다." 무지는 목표 고객층을 따로 세밀하게 분류하지 않고 최대공약수 상품을 만든다. 세세한 개인 취향에 딱 맞추는 것이 아니라 불특정 다수가 합리적으로 만족할 수 있는 '이거면 충분해' 수준의 상품을 만든다.

버릴 것을 다 버리고 더 이상 버릴 게 남아 있지 않는 본질에 충실한 상태, 즉 '이거면 됐어'를 추구한다. 소비자가 합리적으로 납득하고 구매할 수 있는 상품의 수준, 전 세계 고객이 '심플하고 편리하다'고 인정하는 상품을 만들기 위해 가장 본질적인 라이프스타일로 파고드는 노력을 기울인다. 그래서 하라 켄야는 디자인을 생활 속에서 태어나는 감수성이라고 얘기한다.

"우리는 '젊은이에게 맞는 테이블'이나 '나이 든 커플의 침실에서 사용하는 테이블'을 디자인하는 것이 아니다. 최대한 단순한 디자인으로 다양한 생활환경에서 조정되고, 어떤 수준의 삶이든 어울리는 테이블을 만든다."

무지는 어떤 공간에서 누가 사용하더라도 생활 속에 자연스럽게 녹아드는 상품을 만들고자 한다. 그 공간의 주인공이 되는 것이 아니라 명품 조연들로 선택되고자 한다.

무지는 여타 브랜드와 달리 '특징 없는 것'이 가장 큰 특징이다. 브랜드가 소비자에게 분명하게 인식되기 위해서는 차별화가 가장

무인양품의 상징이 된 광고 포스터
출처 : HARA DESIGN INSTITUTE 홈페이지(ndc.co.jp/hara/en/)

중요한 생명력이다. 그러나 무지는 텅 빈 여백을 지향하며 오히려 가장 평범한 형태로 사용 편의성을 극대화하는 데 집중한다. 무엇보다 심플함을 지향하는 무지의 상품이 오히려 세계적인 보편성을 가질 수 있는 이유이기도 하다. 지구와 인간을 관통하는 보편성을 주제로 지구에 인간이라는 작은 점을 찍은 단순하지만 궁극적인 구도를 담아낸 광고 포스터는 과연 무지다움을 상징하는 디자인으로 주목을 끌었다.

'이유 있게 싸다'로 시작해 '차분한 행복'의 라이프스타일까지 제안하는 브랜드로 발전

"사람이 느끼는 행복감에는 '짜릿한 행복감'과 '차분한 행복감' 두 종류가 있다고 한다. 무지의 상품을 활용한 라이프스타일을 선호하는 사람이라면 둘 중 차분한 행복을 추구할 가능성이 높다. 무지의 상품은 현재의 생활을 정성껏 채워나가고 싶은 사람들에게 선택받고 있다."

— 마스다 아키코, 《무인양품 보이지 않는 마케팅》

무지가 천연 소재, 심플한 디자인, 온화한 색채를 주로 사용하는 이유를 설명하고 있다. 무지의 사업 미션은 기능성 있는 합리적인 상품을 판매하는 것이 아니라 생활 속 라이프스타일의 미적 가치관을 상품으로 구현하는 것이다. 단순히 트렌드에 맞춰 상품을 늘려가는 것이 아닌 자신의 철학을 지속적으로 상품화한다.

1980년 '이유 있게 싸다'는 표어를 내걸고 유통전문그룹사 세이유의 자사 PB 상품 브랜드로 출발한 무인양품은 이제 글로벌 라이프스타일 기업으로 자리 잡았다. 무인양품의 브랜드 스토리 자체가 브랜드 아이덴티티의 토대를 이루면서 라이프스타일 기업으로서 자기만의 영역을 구축하는 데 성공했다.

무인양품의 성장은 단순히 디자인 전략에만 있지 않다. 면봉부터 링노트 모양에 이르기까지 일관된 디자인 톤을 유지하여, 무인양품의 철학이 하나로 관통될 수 있도록 치밀하게 설계해왔다. 이케아가 북유럽의 라이프스타일을 구현하는 플랫폼으로 호텔을 선택한 것처럼 무지 호텔이 등장한 것은 자연스러운 현상이다. 공간을 채우는 향기와 음악, 슬리퍼, 수건, 시계, 의자, 조명, 침구까지 크고 작은 대부분이 무지 제품으로 채워져 있다. 생활의 미를 어떻게 구현하고 경험하는가에 초점을 맞추고, 재생 목재와 친환경 벽지를 사용해 브

무지호텔 선전　　　　　　　　　　　무지호텔 베이징
출처 : 무지호텔 홈페이지(hotel.muji.com)

랜드의 자연주의 철학을 방문객의 경험 속에 스며들게 한다.

2018년 중국의 선전과 베이징, 일본 긴자에 잇따라 오픈한 무지호텔은 전체적으로는 간결함의 생활 미학을 추구해온 무지하우스 프로젝트 중의 하나다. 무지호텔, 무지하우스, 무지헛, 무지×UR 도시기구 재건축으로 이어지는 프로젝트는 '집은 모든 산업의 교차점'이라는 비전을 토대로 장기적인 무인양품의 브랜드 이미지를 형상화하고 있다. 살기 좋은 집을 모델하우스처럼 선보이는 것이 아니라 사람들에게 능동적으로 살아가는 방법과 라이프스타일을 제안하는 브랜드의 믿음을 보여준다. 일시적인 유행처럼 지나가는 트렌드가 아니라 보다 나은 삶의 방식으로서 라이프스타일이란 무엇인가에 대해 끊임없이 탐구하는 무인양품은 미래의 라이프스타일 비즈니스를 기획하는 기업들에게 깊은 영감을 준다.

2장

자랑하고
싶게 하라

LIFE STYLE

기승전

인스타그램

새로운 스타트업이 소개되는 모임이나 세미나에 자주 참석하는 편이다. 최신 마케팅 성공 사례나 IT 기술 트렌드를 선보이는 컨퍼런스도 기웃거리지만 스타트업 관련 세미나는 조금 다른 측면을 엿볼 수 있다. 빠르게 변하는 세상에서 요즘 신생 스타트업들은 어떤 점을 포착해서 도전하는지, 어떻게 예전과 다른 방식으로 목표 시장에 접근하는지, 특히 서비스 초창기에 고객들을 어떻게 설득하고 끌어들이는지 자세히 관찰해볼 수 있다.

차(tea)를 온라인으로 판매하는 스타트업은 오프라인 찻집을 운영한다고 했다. 찻집은 손님을 한꺼번에 4~5명 정도밖에 받을 수 없는 아주 작은 가게인데 한두 달치 예약이 밀려 있다는 것이었다. 언뜻 이해되지 않았다. 가뜩이나 테이블 회전이 빠르지 않은 찻집의 속성을 생각해보면 사업성이 좋지 않아 보였다. 온라인 판매 전문인데 초기부터 오프라인 찻집 운영 비용을 부담하고 시작한다니 말이다.

또 하나의 스타트업은 디저트 가게였다. 조그마한 오프라인 가게와 온라인 판매는 찻집이랑 비슷한 패턴인데 이들은 디저트의 포장 패키지에 상당한 공을 들였다. 배보다 배꼽이 더 큰 격으로 3만 원이 넘는 가격대로 비주얼에 올인하는 느낌이었다. 더구나 주 타깃층인 10대들에게는 너무 비싸 보였다. 그런데 꽤 인기가 높아 판매가 잘되고 있다고 했다.

처음에는 나 같으면 저렇게 안 할 텐데, 나 같으면 저 가격에 안 살 텐데라는 관점으로 생각했다. 하지만 곰곰이 생각해보니 알면서도 놓치고 있는 공통적인 이유가 한 가지 있었다. 인스타그램이다. 찻집은 인스타그램 인증샷을 위한 일종의 쇼룸 기능을 수행한다. 10대 고객에게 3만 원대 디저트는 인스타그램에 자랑할 가치가 충분한 경험상품이므로 비주얼에 집중하는 것이다.

사업을 론칭하고 홍보하기 위해 SNS를 활용하는 것이 아니라, 처음부터 특정 SNS를 겨냥해서 사업 전략을 세팅한다. 페이스북과 트위터가 정보성 SNS로 정치적인 공간의 성격이 강하고, 유튜브가 문화 엔터테인먼트 영역을 맡고 있다면, 비즈니스 관점의 브랜딩과 마

출처 : 인스타그램 공식 계정(@instagram.official)

케팅은 인스타그램이 유용하다.

요즘 규모가 작든 크든 물건만 파는 곳이 없고 온·오프라인의 통합적인 경험을 제공하는 것을 전제로 한다면 공간을 디자인할 때 소위 인스타존은 필수다. 무엇을 파는 것보다 이 공간에 나도 와봤다는 인증샷을 남길 수 있는 매력적인 포인트를 제시해야 한다. 그게 공간일 수도 있고 메뉴판일 수도 있고 패키지 포장일 수도 있고 제품의 비주얼일 수도 있다.

이처럼 인스타그램은 비즈니스와 가장 자연스럽게 결합되는 SNS로서 절대적이고 막강한 위력을 떨치고 있다. 그 이유가 무엇일까?

인스타그램은 훨씬 더 시각적이고 감각적이며
라이프스타일에 영향을 미친다

오래전부터 기업들은 고객의 마음을 알기 위해, 고객이 무엇을 원하는지를 분석하기 위해 모든 노력을 다해왔다. 그런데 지금은 고객이 스스로 일상과 삶에서 자신의 마음을 쏟아내고 있다. 누가 돈을 주고 시킨 것도 아닌데 '나는 이런 삶을 원해'라고 솔직하게 또는 과장해서라도 실시간으로 올리고, 또 볼 수 있다.

이런 세상에서는 기업과 고객 사이에 나타나는 정보의 비대칭 관계가 역전된다. 주도권이 정보 생산자인 고객에게 완전히 넘어갔고, 능동적이고 적극적인 고객의 취향이 서로에게 영향을 끼친다. 여기서 라이프스타일이란 말이 구세주처럼 떠오른다. 심리학에서 쓰이던 용어가 어느새 마케팅에서 가장 흔한 용어가 되었다. "자신이 추구하는 목적을 달성하는 데 도움이 된다고 판단한 행동들을 선택하고 반복한다. 이 행동들은 그 사람의 삶의 방식이 된다." 심리학자 알프레드 아들러는 자신이 꿈꾸는 삶의 목표를 위해 일상에서 반복되는 특정한 행위가 쌓이면 그것이 그 사람의 라이프스타일이라고 했다.

세상이 빠르게 변하지 않던 시대에는 동일한 라이프스타일이 반복되었다. 서로에게 영향을 끼치고 영향을 받을 일이 많지 않았다. 그러나 세상이 빠르게 변화하는 시대에는 해외로 나가지 않아도 매일 변하는 라이프스타일이 눈앞에 강렬한 이미지로 펼쳐진다. 이를 주도하는 것은 SNS이고, 그중에서도 핵심이 인스타그램이다. 자발적이고 일상적인 소통 공간으로 우리의 라이프스타일을 통째로 시각화해서 보여준다.

일반적인 뉴스 정보와 주장, 의견을 주고받는 다른 SNS와 달리 인스타그램은 훨씬 더 시각적인 동시에 감각적이고 훨씬 더 개인이 서로에게 영향을 미치는 대표적인 공간이다. '인스타그래머블(instagrammable, 인스타그램에 올릴 만한)하다'는 말은 '있어빌리티(남들에게 있어 보이게 하는 능력)'와 거의 동의어로 쓰인다. '있어 보이니 인스타에 게시할 만하다'는 의미다.

인플루언서(필로워가 많으면서 영향력 있는 사람)에게 특정 제품의 홍보를 의뢰할 때 인스타그램에 노출하는 대가로 심하면 매출의 40~50%까지 요구하는 경우가 다반사다. 왜 그렇게 많은 돈이 필요하냐고 물어보면 명품을 걸치거나 해외 유명 관광지와 호텔, 레스토랑 등을 찾아서 지속적으로 있어 보이는 자기 이미지를 인스타그램에 노출하려면 유지 관리 비용이 많이 든다는 것이다.

좀 더 있어 보이는
내 모습을 갈망한다

2019년 현재 10억 명의 일상이 인스타그램에 모인다. 좀 더 정확히 말하면 월 기준으로 10억 개의 계정이 활동한다. 초대박 SNS 성공의 시작은 사진이었다. 좀 더 구체적으로 말하면 정방형 사진 프레임과 필터 기능이다. 수많은 사진 기반 앱이 있었으나 좀 더 직관적이고 스마트폰 친화적인 인스타그램의 사진 기능은 폭발적인 호응을 끌어냈다. 사진을 정방형 프레임으로 제한하면 경우에 따라 불편한 점도 있지만, 통일성과 일관성으로 인해 인스타그램 피드 전체를 시각적으로 예쁘게 보여준다.

결정적으로 필터 기능도 스마트폰 사진의 다양한 화질과 인물, 배경을 실제보다 더 돋보이게 한다. 게다가 사용자들이 과하지 않게 리터칭하는 능동적인 즐거움까지 제공한다.

2013년 전 세계적으로 셀피(selfie)라는 신조어가 등장할 때만 해도 지금처럼 하루 평균 4억 장의 셀피가 인터넷에 올라가는 세상이 도래하리라고는 아무도 생각하지 못했을 것이다. 과거에는 화가나 프로 사진작가 등 전문가들만이 자화상이나 인물 초상을 대중에게 공개했다. 그러나 지금은 대중들 모두 자신의 욕망을 쉽게 드러낼 수 있는 매우 유용한 도구를 손에 쥔 것이다.

셀피는 자신의 욕망을 표현하는 동시에 타인과 그 경험을 공유하는 욕구를 실현한다. 인스타그램은 스마트폰 카메라의 해상도와 기술력의 발달과 함께 빠르게 성장했다. 현재의 욕망을 이보다 더 쉽게 표현하는 수단이 있을까 싶을 정도로 빠르게 진화했다. '예쁘다'가 곧 '좋아요'가 되는 시대를 만들었다. 실제 내용물의 퀄리티도 중요하지만, 있어 보이는 감각적인 스타일이 더 중요하게 부각되기 시작했다.

인스타그램의 등장으로 타인의 라이프스타일에 자극을 받으며

82

좀 더 있어 보이는 내 모습을 갈망하고, 어제의 나보다 더 우월한 오늘의 내가 되고 싶은 욕망이 커졌다. 행복이 미래에 있지 않고 바로 현재를 즐기는 데 있다는 의식의 변화에 더 크게 공감한다. 타인을 위한 삶보다 바로 지금 이 순간 나 자신을 위한 삶을 살아야 한다는 가치관에 끊임없이 자극받고 있다.

영원한 SNS 플랫폼은 없다. 언젠가는 인스타그램보다 더 진화된 라이프스타일 플랫폼이 등장할 것이다. 그럼에도 불구하고 인스타그램의 등장과 성장 흐름, 그리고 이를 사용하는 대중들의 심리 변화에서 심층적인 징후를 읽어내고 어떻게 하면 이를 마케팅에 적극적으로 활용할 수 있을지는 라이프스타일 기획에서 필수적인 일이다.

테라로사의 열정

라이프스타일 공간,

가봤다고 자랑할 수 있는

2015년쯤에 한동안
커피 투어를 다녔다

혼자 걷기 여행과 더불어 요가명상의 매력에 푹 빠짐과 동시에 커피 맛까지 공부하던 때가 있었다. 사실 커피 맛에 매료되었다기보다 곳곳에 커피 전문점들이 너무 많이 생겨나 흥미를 끌었다는 것이 더 정확하겠다. 추울 때나 더울 때나 매주 토요일 아침 8시면 혼자 걷기 여행을 했으니 때로는 게으름을 피우기 위해 쉽게 찾을 수 있는 공간이 필요했다. 조금 걷다가 이내 걷기 코스를 구상한다는 핑계로 카페에 들어갔다. 그러다 보니 자연스럽게 그날의 걷기 코스에 괜찮다고 소문난 카페를 꼭 끼워 넣었고, 핸드드립, 블렌딩, 스페셜티, 융드립, 더치커피 등을 골고루 맛보았다.

'#나혼자걷기', '#커피투어'는 1~2년 동안 이어졌는데, 계속했더라면 나름 꽤 마니아급은 되었을 듯하다. 카페인이 체질에 맞지 않아 오래 하지는 못했지만 카페에서 찍은 사진이 SNS에서 '좋아요'를 꽤 많이 획득했다. 아, 사람들이 예쁘고 소문난 카페들을 많이 좋아하는구나. 아마도 카페 방문의 SNS 자랑질이 알게 모르게 커피 투어를 오랫동안 유지하는 원동력이었을 수도 있다. '나도 거기 가봤다'가 다수의 댓글이었는데, 정작 커피 맛이 어떻다는 얘기는 별로 없다. 나도 마찬가지였지만 대부분의 사람들이 원두의 맛과 향을 구분하거나 세척, 건조, 보관, 로스팅에 이르기까지 제조 공정에 따른 미세한 맛의 차이에 신경 쓰지 않았다.

커피는 우리에게
어떤 매력이 있을까?

커피만큼 우리 생활 곳곳에 스며들어 반복적으로 구매하는 라이프스타일 제품이 또 있을까? 커피는 한번 맛들이면 웬만해서는 대체하기 힘들 정도의 중독성으로 강력한 팬층을 형성한다. 팬덤 문화로 대변되는 최근의 라이프스타일 브랜딩에서 이만한 매력을 가진 매개체가 또 없다. 다만 커피의 독특한 매력이 오로지 맛과 향기에서 비롯되는 것이라면 인터넷 주문이

훨씬 더 번창했을 터였다. 그렇다면 저 수많은 카페가 존재하는 이유는 무엇일까? 커피 이외에 무언가 다른 스토리가 더해지는 것일까?

강릉은 왜 커피의 성지가 되었을까? 커피 본연의 맛 외에 어떤 또 다른 스토리와 감성이 사람들을 끌어들일까? 궁금증과 기대감을 가지고 강릉을 찾아갔다. 하지만 보헤미안, 테라로사 등 초창기 성공한 바리스타들이 강릉에 모였다는 것 외에 특별한 지역적 맥락은 없었다. 커피의 도시라는 타이틀에 걸맞은 영감을 얻기에는 부족했다. 바리스타라는 개념조차 생소했던 초창기 미국, 일본 등지에서 커피 제조 기술의 오리진(origin)을 터득한 이른바 원조 격 장인들이 강릉 지역에 터를 잡은 게 시작이었다고 한다.

해외 생산지를 직접 찾아가 원두를 들여오고 로스팅 기계도 수입한 것이니 커피 생산이나 제조 과정에서 강릉의 지역성과 연결되는 특별한 고리는 없다. 그래서 커피 브랜드의 스토리는 대부분 설립자의 의지와 열정으로 꾸며진다. 미세한 맛과 제조 기술의 차이는 설립자 겸 바리스타 개인의 스토리텔링 속에 집약되어 있다. 창업자 겸 커피 장인으로 불리는 박이추, 전광수 등 이름 석 자를 브랜딩에 녹여내는 방식이다. 내가 커피 마니아라면 서울이건 강릉이건 상관없이 찾아간다. 강릉만의 멋진 스토리텔링은 없지만 원조 바리스타의 아카데미에서 배운 문하생들이 강릉 주변에 커피 전문점을 차리면서 강릉이 커피 향 짙은 도시가 되었다.

한국 커피 시장에서 수많은 커피 브랜드가 뜨고 졌지만, 꽤 오랜 시간 매우 느리지만 아주 굳건하게 자리를 지켜온 브랜드를 꼽자면

단연 테라로사다. 유명 커피점이 몰려 있고 내로라하는 커피 장인들도 포진된 커피 도시 강릉에서도 테라로사는 초창기부터 대표적인 카페로 여전히 사람들을 불러 모으고 있다. 테라로사는 2002년 고급 커피 원두를 로스팅해 유명 카페나 호텔에 B2B로 공급하면서 사업을 시작했고, 20년 가까이 단 14개 직영 점포만 열었다.

이디야, 커피빈, 카페베네 등 대형 프랜차이즈도 있고, 스페셜티 전문점도 늘어나고, 무엇보다 스타벅스라는 걸출한 글로벌 커피 브랜드가 한국 시장을 휩쓰는 중에도 테라로사는 바리스타 장인의 이름 석 자를 내걸지 않고 자신만의 브랜드 로열티를 키워왔다. 웬만한 사업체라면 그동안 꽤 조바심을 냈을 텐데 테라로사의 사업 목적이 프랜차이즈가 아니라는 것을 알 수 있다. 그러면서도 점포당 매출과 수익은 최상위권을 차지하고 있다.

2018년 기준 매출액 333억 원, 영업이익 71억 원으로 좋은 품질의 생두를 쓰면서도 이익률 20%를 유지하면서 점포당 매출은 스타벅스의 2배에 이른다. 이것은 특별하면서도 흥미로운 대목이다. 초창기부터 한국의 고급 커피 시장을 개척해온 주역(B2B)으로 오랜 세월 자신만의 브랜드 아이덴티티를 유지하면서 사람들을 불러 모으고(B2C) 단단한 내실을 유지한다는 것은 부러움과 동시에 찬사를 받을 만한 일이다.

테라로사 커피공장 외관   카페 내부 공간

"커피 공장이
미술관 같으면 좋겠다"

예전에는 사람들이 방문할
만한 곳이라면 특별히 맛있는 음식이나 기가 막힌 전망이 있어야 했
다. 강가에 자리 잡은 예쁜 카페는 특별한 콘셉트 없이 바로 앞에 강
이 펼쳐진다는 것 자체가 기획력의 전부였다. 심지어 그저 그런 커피
맛도 용서되었다. 하지만 그런 곳은 아는 사람만 찾아가는 극소수로
시장 규모가 작았다.

원두의 고급화로 커피의 맛과 품질이 다를 수 있다는 것을 깨닫
게 한 커피공장 테라로사의 창업자는 한 발 더 나아갔다. 테라로사
는 커피 맛은 기본이고 특별하다고 느끼는 공간을 제공해야 한다고
믿었던 것이다. 테라로사의 김용덕 대표는 이렇게 말했다. "프랑스
의 살롱, 미국의 커피하우스 등에서 활발한 토론과 교류가 이뤄지면
서 문명이 꽃을 피웠다. 커피 맛은 고객들이 인정한다고 자부하고,
지금은 공간에 대한 갈망이 크다."

커피 사업을 하면서 초기에 고비를 넘기자 창업자의 관심은 커피 문화와 역사 그리고 예술적인 장르로 확장되어 공간의 재구성과 기획력을 실현했다. 드문드문 새로운 점포를 열 때마다 직원 교육뿐만 아니라 카페 공간의 콘셉트를 잡고 디자인 설계를 하기 때문에 시간이 꽤 오래 걸린다. 커피가 단지 하나의 상품에 그치지 않고 카페가 복합적이고 감성적인 소통 공간으로 자리매김하는 데 일찍부터 공을 들인 것이다.

작지만 럭셔리한 사치를 누릴 수 있는 공간

사람들은 적은 비용으로 소소하지만 럭셔리한 사치를 누리고 싶은 라이프스타일의 욕망을 가지고 있다. 있어 보이는 공간 속에서 심리적인 행복감을 누리고 싶어 한다. 2000년대 초반부터 사람들의 취향과 눈높이가 꾸준히 높아지기 시작하면서 테라로사는 라이프스타일 브랜드로서 사람들이 꿈꾸는 욕망을 누릴 수 있도록 일찍부터 공간 기획에 집중했다. 광화문점, 포스코센터점, 한남점 등은 다양한 콘셉트로 특별한 감성을 공간에 표현하려는 의도가 엿보인다.

복층 이상의 탁 트인 시야에 계단식 자리는 테라로사의 시그너처가 되었고, 창업자가 직접 설계한 공간 디자인은 하나하나 의도가 담겨 있다. 테라로사의 핵심인 커피 원두의 생산과 보관 과정, 해외

테라로사 광화문점
출처 : 테라로사 인스타그램(@terarosacoffee)

생산지 분위기를 매장 공간으로 끌어왔고, 방문자에게 의도적으로 그 메시지를 전달하고자 한다. 적어도 초기 매장들은 구조와 건축 소재, 공간 구성물, 톤앤매너를 커피와 원두의 본질에 맞춘 듯했다.

최근의 매장들은 건물의 스토리나 지역과의 조화를 고려하는 공간 브랜딩 콘셉트를 담기도 했다. 공장터를 복합문화공간으로 재탄생한 부산의 F1963 매장, 야외정원과 연결되는 듯한 제주 서귀포점, 철을 소재로 한 리노베이션 공간 포스코센터점 등 공간에 어떤 메시지와 감성을 담을 것인가를 고민한 흔적이 보인다. 매력적인 공간과 결합한 커피는 사람들을 사로잡을 만한 시너지를 발휘한다.

공간이 주는 국적 없는 문화적인 감성은 방문자들에게 다른 오브제(objet)에서는 느낄 수 없는 라이프스타일의 여유와 상상력을 제공한다. SNS에서 더 많은 선택을 받는 것은 테라로사의 커피보다는 공간 사진이다. 실제로 커피를 파는 것인지, 공간의 취향을 파는 것인지는 방문자의 선택에 달려 있다. 높은 품질의 원두에 점차 익숙해진 커피 마니아들에게 테라로사는 보다 다양한 취향으로 마음을 사로잡기 위한 라이프스타일의 경험 공간을 제시하면서 스스로 거듭 변신하려는 노력을 보여주는 듯하다.

미디어에 나타난
라이프스타일-사람,
패션, 스타일

미디어가 보여주고 싶은
'있어 보이는 취향'

어느 날 새로 만드는 방송 프로그램 제작에 참여하겠냐는 제안이 들어왔다. 첫 방송을 한 달 남짓 앞둔 〈취향 존중 리얼라이프―취존 생활〉에 취미 활동으로 요가 명상을 내보내고 싶다는 것이었다.

최근 주52시간근무제가 도입되고, 일상에서 소소한 행복을 찾는 소확행, 일과 삶의 균형을 찾는 워라밸 문화가 자리 잡으면서 다양한 취미 활동을 찾는 직장인들이 늘어나고 있다. 마침 유기농 목장 상하농원에서 요가와 명상, 농사 체험을 다녀온 직후였다. 아침에

친환경 유기농 목장 상하농원에서 요가명상과 함께하는 오가닉 파밍(Organic Farming) 체험 여행

일어나 요가를 하고, 농작물을 수확해서 유기농 음식을 요리하고,
저녁에는 아로마 체험을 하고 명상하면서 잠드는 건강한 라이프스
타일이었다. 소위 의미와 희소성이 있어서 프로그램의 취지에는 잘
맞았지만, 1박 2일 일정에 맞지 않아 아쉽게 진행되지 못했다.

〈취존 생활〉은 달리기, 탁구, 필라테스, 기타 연주, 스쿠버다이빙
등 대략 12회분에 걸쳐 출연진들이 다양한 취미 활동에 도전하는
프로그램이다. 초기에는 관심을 좀 끌었지만 아쉽게도 얼마 지나지
않아 종영되었다. 초보자가 단순히 배우고 체험하는 내용으로 전개
되다 보니 흥미가 반감되었던 듯하다. 취미 초보 연예인을 투입해
좌충우돌하는 모습만 보여줄 수밖에 없어서 생활 속에 스며 있는 리
얼 라이프스타일과 취향으로 진정성 있게 공감대를 넓혀가는 데 한

계가 있었던 것 같다. 아예 전문성을 가진 덕후 기질을 발휘하거나 물불 가리지 않고 열정적으로 도전하는 모습이었다면 취미 분야에서 뭔가 있어 보이는 매력을 끌어낼 수 있지 않았을까?

있어 보이는 매력이란 아주 잘하거나 완전히 새롭거나 열정과 진정성이 보여지는 것이다. 그래서인지 매일 일상적으로 강도 높은 운동(5km 러닝, 헬스 트레이닝, 복싱, 탁구 등)을 하는 여배우의 모습은 유독 관심을 끌었다. 그녀는 웬만한 운동선수 못지않은 운동량과 에너지로 시청자들을 놀라게 했으며, 열정 가득한 그녀는 '아, 이렇게 열심히 운동하는 생활도 멋지구나!'라는 것을 보여줬다. 열렬한 취미 활동이 그 사람을 있어 보이게 만들고, 평소 이미지도 달라 보일 정도로 팬심을 자극했다.

취향이란
그 사람 그 자체다

언제부터인가 취향이라는 말이 미디어나 일상의 대화에도 흔히 등장한다. '취향 저격', '개취(개인 취향)입니다. 존중해주시죠!' 그렇다면 취향이란 무엇일까? 어떤 의미가 있기에 찾아 나서기까지 해야 하는 걸까?

"일단 취향을 '좋아하는 것'이라고 생각해보자. '가장 좋아하는 것'이 그 사람의 정체성을 파악하는 손쉬운 방법이라는 사실은 우리가 쉽게 알 수 있다. 이는 세상에 자신을 드러내고, 상대방을 이해하고, 자신이 평범한지 독특한지를 보여준다."

— 톰 밴더빌트, 《취향의 탄생》

사람은 누구나 이상적인(있어 보이는) 모습으로 비쳐지길 원한다. 소득 증가와 함께 돈과 시간을 소비하는 라이프스타일이 달라지면서 사람들은 타인과 자신을 구분 짓는 수단으로 좀 더 있어 보이는 취향을 찾기 시작했다. 여전히 오프라인에서는 자신이 속한 집단의 취향에 맞춰서 음식을 고르고 활동하는 경향이 있지만 온라인에서는 개인의 취향을 마음껏 표현하는 시대를 맞이했다. 음식이든 패션이든 스타일이든 나다운 모습을 더 있어 보이게 드러내고 싶은 욕망이 커진 것이다. 더구나 스마트폰과 SNS의 발달로 모빌리티(mobility, 이동성)가 확장되면서 언제 어디서든 손쉽게 나다움을 표현할 수 있게 되었다.

SNS를 통해 타인의 삶에 자극받고 나도 타인에게 영향을 끼친다. 기존 미디어도 뒤따라 더 활발히 취향을 쫓아간다. 예전에는 매스미디어가 있어 보이는 취향을 선도하고 대중이 따라갔지만 이젠 점점 다양해지는 개인 취향을 미디어가 쫓아가기에도 벅찰 정도다. SNS의 표면적인 다양성만 닮으려 했던 〈취존 생활〉이 크게 호응을 얻지 못한 것은 어쩌면 TV라는 미디어의 속성상 당연한 것처럼 보인다. 현실에 더 매력적인 취향들이 넘쳐나는데 TV 카메라가 이를 담아내기에는 역부족이었던 것이다.

현대자동차가 어반북스 컴퍼니와 함께 발간하는 혼라이프 탐구
매거진 〈베뉴〉 창간호(교보문고)

오히려 좀 더 구체적이고 세밀한 관찰력을 보여주고 있는 〈나 혼
자 산다〉의 라이프스타일은 1인 가구라는 특정 카테고리에서 장기
간 인기를 끌며 롱런하고 있다. 300회를 돌파했고, 금요일 예능 동
시간대 시청률 10%를 상회하며 아직도 압도적인 1위를 유지하고
있다. 10가구 중 3가구 이상으로 1인 가구가 점점 늘어나는 사회 변
화에 맞춰 연예인 셀럽들이 보여주는 혼라이프는 관찰 예능으로서
다양한 흥미 요소로 공감을 준다는 것이 인기의 비결이다. 궁금했
던 스타들의 싱글 라이프를 있어 보이는 판타지를 섞어서 다양한 에

피소드와 함께 보여주고, 그들의 일상이 우리와 다르지 않다는 공감을 끌어낸다.

혼족을 겨냥한
다양한 미디어들의 등장

싱글 라이프스타일을 적극적으로 공략하고 있는 미디어들이 부쩍 늘어나고 있다. 혼족닷컴, 혼족의 제왕 등의 포털사이트가 생겨나 싱글 라이프스타일에 필요한 갖가지 취향과 정보들을 모으고 연결하며 커뮤니티를 형성하고 있다. 혼자 사는 사람들의 건강, 먹거리, 여행, 반려동물 키우기 등 공통의 취향을 바탕으로 비즈니스를 전개하고 있다. 혼족을 겨냥한 전문매거진도 등장했다. 1인 도시 생활자의 세련된 삶을 표방하며 창간된 매거진 〈베뉴(Venue)〉는 최근 가장 적극적인 마케팅을 펼치고 있다.

베뉴는 현대자동차가 출시한 신차 모델명이기도 하다. 혼족을 위한 SUV 차량에서 출발해 매거진과 함께 하나의 라이프스타일 브랜드로 확장해가려는 전략으로 보인다. 창간호에서 다루는 내용은 '잠들지 않는 서울(Sleepless Seoul)'. 세계의 각 도시마다 혼라이프 방식을 살펴보려는 기획 의도인 듯하다. 제품(신차)이 곧 매거진이고 매거진이 곧 제품이다. SUV 베뉴의 운전자들은 매거진 〈베뉴〉가 제안하는 다양한 혼라이프스타일을 접하고 자신들의 취향을 연결해갈 것이다. 있어 보이는 라이프스타일의 롤모델을 소환해서 북토크를 열고 혼라이프를 탐구해가는 것을 제안한다.

　이와 같이 라이프스타일 브랜딩에 초점을 맞춘다면 차별화된 기획을 할 수 있다. 신차 광고에만 집중하는 것보다 훨씬 더 다양한 브랜드 커뮤니케이션이 가능하다. '결국 혼자여서 더 있어 보이는 세련됨', 이것이 달라진 스토리텔링 방식으로 미디어들이 다루는 혼라이프 테마다.

〈도시어부〉는 여행과
삶을 말하고 있다

　　　　　　　　혼라이프와 함께 미디어에서 뜨고 있는 것이 낚시다. 40~50대가 즐겨보던 낚시 프로그램이 지금은 TV만 틀면 등장하고 SNS에도 낚시 인증샷이 넘쳐난다. 낚시를 즐기는 인구가 700만 명을 넘어 프로야구 인기에 육박한다. 2018년 이미 부동의 1위 등산을 물리치고 낚시가 국민 취미의 왕좌를 차지했다. 프로야구 관중이 700만~800만으로 넘어갈 때도 젊은 여성층이 견인차 역할을 했듯이 낚시도 나 홀로 아재의 전유물에서 여성, 아이, 커플 등으로 확산되고 있다. 부부 사이를 멀어지게 하는 원흉에서 가족의 라이프스타일로 바뀐 셈이다. 인스타그램에서 '#낚시하는여자'라는 해시태그만 8만 개, '#낚시스타그램'은 25만 개가 넘는다(2020년 9월 현재). 요즘은 20~30대와 여성, 가족 동반 낚시가 대세라고 한다.

등산에 비해 취사도 할 수 있고, 자신이 낚은 물고기를 인증샷으로 과시할 수 있다는 점이 20~30대에게 어필하는 매력이다. 여기에도 밑바탕에는 있어 보이는 라이프스타일이 깔려 있다.

채널A 〈도시어부〉, EBS 〈성난물고기〉 등 본격 낚시 프로그램도 인기를 끌고 있다. 〈도시어부〉는 시청률 4~5%를 넘기면서 낚시 마니아층뿐 아니라 일반 시청자까지 사로잡는 데 성공했다. 물고기를 낚든 실패하든 상관없다. 그저 편한 친구나 동료들과 낚시를 준비하는 과정이 친근하다. 어느덧 100회를 돌파한 〈도시어부〉는 결국 중장년층 출연자들의 여유 있는 수다 떨기로 여행과 삶을 얘기한다. 골프나 등산처럼 시간과 돈과 체력이 많이 드는 취미 활동이 상대적으로 한정적인 영역에서 크게 벗어나지 못했다면, 일상적으로 쉽게 접할 수 있는 라이프스타일형 레저와 스포츠의 수요가 늘어나면서 낚시가 인기를 끌고 있는 것이다. 이렇듯 삶의 패턴이 변화함에 따라 미디어에서는 앞으로도 더욱 다양한 라이프스타일 취향이 다양한 형태로 펼쳐질 것이다. 일상에서 나 자신을 있어 보이게 드러낼 수 있는 취향이 관전 포인트라 할 수 있다.

사진관 사업, 라이프스타일 변화에
가장 큰 영향을 받다

사장이란 직업은 어쩔 수 없이 얼리 어댑터(early adopter)가 되어야 한다. 고객보다 먼저 기술 변화를 알아채야 하고, 예상치 못한 경쟁자의 등장이나 고객의 변심, 직원의 변심도 겸손하게 수용할 줄 알아야 한다. 항상 시장과 고객의 변화를 예의 주시하면서 갑작스런 변화도 열린 마음으로 받아들여야 한다는 뜻이다. 하지만 말이 쉽지 여간 어려운 일이 아니다. 업종 분야에 따라 정도의 차이는 있지만 사업 환경은 늘 변화무쌍하기 때문에 모든 사장님들은 항상 긴장의 끈을 놓을 수가 없다.

4~5년 전 어느 날 지인의 소개로 사진관 사업을 하시는 분을 만났다. 이분도 미래 사업에 대한 고민을 하고 있었다. 이미 전국적인 사진관 프랜차이즈 사업으로 크게 성공했는데도 큰 위기감을 가지고 있었다. 그의 얘기에 따르면 우리나라 사진관 사업의 원조는 거실의 가족 액자부터 시작되었다고 한다. 산업 역군으로 평생을 바쳐 가족을 먹여 살리고 아들딸 시집 장가 보내는 것이 가장 중요했던 아버지 세대는 집 거실에 커다란 가족사진 하나를 걸어놓는 것이 로망이었다. 그러다 서서히 침체기가 오나 싶었을 때 마침 아들딸들이 시집 장가를 가면서 결혼사진 앨범으로 돈을 벌었고, 이어서 그들이 아이를 낳으면서 돌 사진으로 명맥을 유지했다.

　그런데 어느덧 부쩍 결혼을 안 하고 아이를 안 낳기 시작했고, 고성능 디지털카메라(DSLR)까지 대중화되면서 사진관 사업에 심각한 위기를 느꼈다는 것이다. 지금 돌이켜보니 사진관 사업은 그야말로 인구 변화에 따른 라이프사이클에 가장 밀접한 영향을 받아왔던 셈이다. 그 사장님은 미래에 대한 대비책으로 새롭게 회고록 자서전 앨범을 준비해보고 싶다고 했다. 베이비부머(1955~1963년) 세대가 은퇴하는 시기를 맞아 그들을 겨냥한다면 회고록 사진 앨범 시장이 생기지 않을까 하는 기대감이 있다고 했다. 앞으로 은퇴할 시니어들은 자식에게 의존하지 않고 노후의 삶을 독립적으로 준비할 정도로 넉넉한 자산과 지식을 가졌기 때문에 자기 삶을 기록하고자 하는 욕구도 강할 것이라고 예상했다. 충분히 일리 있는 추론이었다. 같이 구체적으로 기획하고 협의했지만 각자 기존에 운영하던 사업으로

시니어들의 방문이 이어지는 허리우드 극장의 디지털 사진관

경황이 없어서 아쉽게 흐지부지되었다.

하지만 사진관 사장님이 그 당시 예견했던 여러 가지 변화는 이후 현실에서 속속 재현되었다. 새롭게 등장하는 시니어 은퇴 세대들의 인생 회고와 기록에 대한 관심은 자서전 쓰기 열풍으로 이어졌고, 종이책은 물론 동영상과 사진으로 디지털 앨범을 만드는 업체들도 많이 생겨났다. 퇴직하는 기업의 임원들에게 회고록 앨범을 선물로 만들어주기도 하고, 효도 선물로 제작되기도 한다. 젊고 건강한 모습으로 리터칭(retouching)을 해달라고 찾아오는 시니어들도 늘어나고, 어르신들의 회고록을 만들어주는 공익사업까지 생겨났다.

급증하는 노년층들은 예전에 비해 훨씬 더 적극적으로 활동하면서 영향력을 확대해가고 있다. 이들의 활발한 활동은 경제 전반에도 영향을 미쳐 다양한 분야의 비즈니스에서 소비 주체이자 핵심 타깃층으로 부상하고 있다.

액티브 시니어, 새로운 소비 트렌드의 주인공으로 등장하다

지난 수십 년간 우리 사회의 경제활동과 소비 트렌드의 중심은 주로 2030세대였다. 취업과 결혼, 출산으로 이어지는 라이프사이클에서 소득이 증가하고 씀씀이도 많은 시기이기 때문이다. 신용카드도 새로 발급하고, 보험도 들고, 차량도 구입하고 전세든 월세든 독립된 자기 세대를 가진다. 경제활동이 가장 활발한 이들이 각 분야의 주목을 받는 것이 당연했다. 기업들도 이들의 생애주기부터 연결해야 실질적인 소비 증가를 이끌어낼 수 있기에 젊은 층의 활동 영역은 항상 마케팅의 전쟁터였다.

하지만 근래 들어 극심한 취업난과 소득 저하로 언제부터인가 2030세대는 SNS상에서만 버즈(buzz) 효과를 일으키고 실질적인 구매 전환 효과는 약하다는 회의론이 일기 시작했다. 2030세대가 새로운 경험 소비에 열중하고 가성비를 좇는 일시적인 온라인 충동구매에 몰두하는 사이, 다른 한편에서 5060세대가 새로운 소비의 주역으로 등장하고 있다. 예전 5060세대는 가난하고 배우지 못했고 자식에게 헌신하는 이미지였지만, 요즘은 자신을 가꾸고 여유 있는 취미 생활을 하는 시니어 은퇴자들이 부쩍 등장하고 있다.

사상 유례없이 빠르게 진행되는 고령화 시대의 불안감이 여전하지만, 오히려 풍부한 경제력에 건강한 체력을 가지고 적극적이고 왕성하게 사회 활동을 하는 시니어들이 늘어나고 있다. 이들을 '액티브 시니어'라고 명명하기도 한다. 한국방송광고진흥공사가 2015년 발표한 자료에 의하면 "액티브 시니어는 일정 수준 이상의 소득(50대 부부 합산 월 500만 원, 싱글 및 60대는 300만 원 이상)을 갖춘 구매력 있는 50~60대"로 정의하고 있다.

한 해 대기업 임원 출신 은퇴자만 해도 2,000명이 넘는다. 오랜 기간 전문 분야에 대한 지식과 경험을 쌓아온 이들은 세련된 옷차림과 외모, 건강한 체력을 갖추고 젊은 세대 못지않은 도시적인 감각과 문화 여가 생활을 즐기려는 라이프스타일을 가지고 있다. 앞으로 이런 액티브 시니어를 대상으로 하는 비즈니스는 앞서 언급했던 회고록 쓰기 열풍뿐만 아니라 다양한 분야에서 큰 활력소가 될 것으로 예상된다. 삼성경제연구소는 2020년에 이들의 소비 시장이 약 125조 원에 달할 것으로 예측하고 있다. 과연 이들은 어떤 소비 패턴으로 움직일까? 또한 어떤 삶을 최고의 가치로 추구해나갈까?

액티브 시니어는
어떤 소비 패턴을 가질까?

새롭게 소비의 주역으로 떠오른 액티브 시니어는 인터넷이나 모바일에 익숙할까? 역시 트렌드에 매우 민감한 온라인 쇼핑몰들이 가장 빠르게 대응하고 있다. 대량으로 쏟아져 나오는 제품들을 큐레이션하기 위해 쿠팡은 테마존에 실버스토어를 등장시켜 시니어 라이프스타일에 필요한 제품이나 구매 혜택을 한 군데 모아서 제안한다. 위메프는 전화 한 통이면 원하는 제품을 맞춤으로 추천 및 주문해주고 결제까지 도와주는 텔레마트 서비스를 운영하고 있다. 시니어들에게 익숙한 카탈로그를 보내주고 홈쇼핑처럼 전화로 맞춤 상담을 함으로써 시니어 고객을 붙잡기 위해 적극 공략에 나섰다. 인터넷에 익숙한 소비 패턴을 위한 서비스와 일대일 아날로그 맞춤형 서비스가 동시에 등장해 여러 각도로 다양하게 준비하고 있음을 엿볼 수 있다.

이처럼 인구 변동에 따라 비즈니스의 핵심 고객층이 이동할 것으로 예상되면서 은행, 보험, 건강 등 다양한 분야에서 고령층을 겨냥한 상품들이 쏟아져 나오고 있다. 그 일례로 가장 민감하다고 할 수 있는 뷰티 산업에서 뚜렷한 변화가 나타나고 있다. 젊은 인구가 줄어들고 고령화가 가속화됨에 따라 국내 뷰티 산업의 슬로건은 '미용'에서 '케어'로 무게 중심이 옮겨 가고 있다. 단순히 외모를 아름답게 꾸미는 것보다 자기관리의 개념으로 바뀌고 있는 것이다. 뛰어난 의학적 효능을 가미한 코스메슈티컬(cosmeceutical) 화장품이나 전

웃음과 공감 그리고 품격을 담아내는
시니어 잡지《Bravo My Life》(2014년 창간)

4455세대를 위한 라이프 섹션지
《시니어 조선》(2012년 창간)

쿠팡 테마존, 실버스토어 홈페이지

위메프 텔레마트 홈페이지

문가 도움 없이 가정에서 쉽고 간편하게 피부 관리를 할 수 있는 홈 뷰티(home beauty)의 강세가 이 같은 추세를 반영한다.

LG전자는 프라엘 LED 마스크로 '근본적인 아름다움'을 표방하며 피부 관리에 관심이 많은 중장년층을 대상으로 고가의 홈뷰티 시장을 열었다. 최근에는 경쟁업체들이 다양한 종류와 가격대의 제품을 내놓으면서 '있어 보이는' 라이프스타일을 열망하는 젊은 층까지 끌어들여 시장 규모가 크게 증가할 것으로 보인다. 홈뷰티는 단순히 예쁘고 젊어 보이고 싶다기보다 건강하게 가꾸고 관리하는 가치 측면의 소비 패턴을 반영한다. 비단 여성뿐만 아니라 남성 뷰티 시장도 커지고 있는 점도 흥미로운 현상이다.

일상에서도 세련되고 품위 있게 나를 표현하고자 하는 중년 남성들이 늘어나고, 5060세대도 싱글 라이프가 급증하고 있는 점도 작용한다. 과거에는 면도 후에 바르는 애프터셰이브 로션이 전부였다. 하지만 지금은 각종 기능성 화장품을 직접 구매해 정성껏 피부 관리를 하거나 기본적인 화장품 세트를 구비하는 1인 가구 남성들이 늘어나고 있다. 여가와 취미 활동을 즐기며 자기관리에도 적극적인 액티브 시니어의 등장은 화장품 미용 등의 뷰티 산업에 큰 영향을 미칠 것으로 보인다.

또한 1인 가구의 급증은 2040세대뿐 아니라 5060세대에도 두드러지고 있는 현상이다. 편의점이나 간편식에 익숙한 젊은 층에 비해 집밥에 익숙한 시니어 세대는 전혀 다른 식품 소비 패턴을 보일 가능성이 크다. 가족 없이 혼자 사는 5060세대라면 건강에 대한 관

《나답게, 마흔》(야나기사와 고노미)　　　《앞으로의 라이프스타일》(가도쿠라 타니아 외 4인)

심이 상대적으로 더 클 것이다. 직접 요리를 배우거나 건강한 식재료를 간편하게 구매할 수 있는 곳을 찾지 않을까? 이것 또한 자신을 품위 있게 가꾸기 위한 가치 소비인 셈이다.

　많은 경험과 지식을 바탕으로 자신의 세련된 취향을 품위 있게 표현하고 자신의 외모를 관리하면서 새로운 소비를 주도하는 액티브 시니어를 염두에 두는 비즈니스를 기획한다면 보다 세밀하게 그들을 이해해야 한다. 이를테면 나의 고객을 '월 소득 500만 원에 서울 거주 50대 여성 소비자'라고 정의하기보다, 그들의 라이프스타일을 보다 세밀한 페르소나(persona)로 그려보면 어떨까? 하루 일과는 어떤지, 이들이 어떤 문제점들을 가지고 있는지, 근본적으로 어떤 삶을 추구하고 있는지 정리해보면서 나의 고객을 심층적으로 이해해야 한다. 나아가 그들이 추구하는 삶의 가치는 어떤 것인지도 살펴볼 필요가 있다.

미래의 고객을 예측하기는 무척 어려운 일이지만, 우리와 유사한 일본의 사례를 한번 살펴보자. 저출산 고령화에 장기 불황까지 우리의 미래를 앞서 겪고 있는 일본 중장년층의 라이프스타일을 엿보면 어떤 힌트를 얻을 수 있을 것이다.

초고령화로 접어든 일본의 라이프스타일과
닮아가는 대한민국

서점에 들러 고령화 시대 라이프스타일에 관한 책을 찾아보면 놀랍게도 10권 중 7~8권이 일본 저자가 쓴 책이거나 일본에서 연구한 사례들이다. 10명 중 3명이 65세 이상으로 이미 초고령화 시대에 접어든 일본답게 다양한 생활 분야 곳곳에서 라이프스타일을 기획하고 준비해온 것이다. 고령화에 접어들면서 단순히 살아 있는 상태를 유지하는 것이 아니라 건강하고 품위 있게 나이 들어가는 것에 대해 많은 고민을 했음을 엿볼 수 있다.

예를 들어 1990년대 말부터 2000년대 초에 노인들의 낙상이 사회 이슈가 되면서, 노인들의 근육 강화 운동이 지속적으로 연구되고 있다. 노인 전용 집단 거주 주택이나 병원, 관공서에서는 일정한 시간에 노인들이 근육 운동을 생활화할 수 있는 상업적인 서비스와 상품들을 내놓고 있다. 또한 각 연령대별로 준비해야 할 라이프스타일 팁을 소개하는 책들도 눈에 띈다.

수필가이자 정리 수납 전문가 야나기사와 고노미는 《나답게, 마흔》에서 "나이라는 커다란 담 앞에서 머뭇거리며 고민하고 새로운 앞날에 헛발을 내딛으려는 분들에게 너무 애쓰지 않는 삶에 대한 제안을 담았다"고 했다. 의식주 하나하나를 소중히 관리하고 품위 있는 나를 지키기 위해 어떻게 하면 나이 들어가는 몸과 마음의 변화에 걸맞은 소소한 행복과 간결한 라이프스타일을 만들어갈 수 있을지 제안한다.

또 다른 책 《앞으로의 라이프스타일》에서는 40대부터 70대까지 나이 든 여성 트렌드 세터 5인방이 앞으로 남은 인생 후반기 20년을 어떻게 하면 풍요롭게 살 수 있을지 각자의 라이프스타일을 소개한다. 단지 필요 없는 것을 과감하게 버리기만 해도 인생이 풍요로워질 수 있고, 매일 같은 시간에 같은 일을 반복하며 자신만의 루틴을 만드는 것만으로도 훨씬 건강한 삶을 살 수 있다고 충고한다.

"요시야 씨는 어느 순간부터 밝은 색깔 옷을 입기로 결심하고, 니시무라 씨는 어두운 톤의 옷에 액세서리로 포인트를 준다고 이야기합니다. 이영림 씨는 바쁜 중에 간단하게라도 직접 만들어 먹는 밥을 중요시하고, 요시카와 씨는 그것이 현실적으로 어렵다면 건강보조식품의 도움을 받자고 분명히 말하고요."

지금과 같은 정보 과잉, 물건 과잉의 시대에 사람들은 역설적으로 자신의 삶에서 미니멀 라이프를 추구하며 소소한 행복의 가치를 찾고자 한다. 전 세계 21개국에서 베스트셀러가 된 《나는 단순하게 살기로 했다》의 저자 사사키 후미오는 "물건을 버릴수록 자신에게 진정으로 필요한 것이 무엇인지 스스로 묻고 생각하게 되었고, 무엇보다 남과 비교하는 습관이 없어졌다"고 했다. 장기 불황의 시대에 나이 들어가는 시니어일수록 자신의 품위를 위해 욕망의 크기를 절제하면서도 삶과 일상에서 지켜야 할 진정한 가치가 무엇인지에 대해 생각한다.

앞으로 고령자는 더욱 급증할 것이다. 고령화에 장기 불황까지 오버랩되며 우리의 라이프스타일 궤적 또한 일본을 닮아갈 것이다. 젊은 세대와 나이 든 세대가 급격하게 자리바꿈을 하고 있다. 기존에 존재하지 않았던 새로운 소비 집단이 생겨나 새로운 시장을 만들고 있다. 액티브 시니어를 위한 미래의 마케팅은 그들의 라이프스타일 변화를 세심하게 이해하고 넘쳐나는 정보와 물건 속에서 이를 대신할 제품과 서비스, 브랜드를 새롭게 제안해야 한다.

지금은 리뷰어의 시대,
내 취향을 이끌어준다

지름신을 부르는
트렌디한 리뷰어, 디에디트

'있어 보이는' 라이프스타일의 최전방에서 가장 활발하게 활동하는 리뷰어가 있다. '사는 재미가 없다면, 사는 재미라도'라는 슬로건을 내세운 리뷰미디어 '디에디트'이다. 이왕 돈 쓰는 거 즐겁고 재미있게 쓰자며 갖가지 '띵템'(최고 명작 아이템)들을 구독자들에게 맛깔난 썰로 풀어낸다.

2019 M어워드, 2019 H어워드, 2019 B어워드…… 요즘 가장 힙하다는 디에디트의 M, H, B 에디터들이 각자 1년 동안 가장 취향을 저격했다는 아이템들을 선정했다. 올해의 ○○○ 시리즈로 스마트

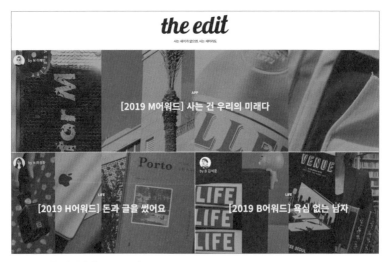

출처 : 디에디트 홈페이지(the-edit.co.kr)

폰, 스피커, 블루투스 헤드폰, 카메라 등 IT 제품부터 TV 프로그램, 웹툰, 유튜브, 영화, 스탠드 조명, 신발, 술, 책, 생활소품 등 거의 모든 분야에 걸쳐 있다. 가전제품으로 시작했다가 자신들이 먹는 것, 보는 것, 사는 것 등 모든 라이프스타일을 다룬다.

덕후라고 하기에는 좀 더 대중적인 제품이고, 대중성이 있다고 하기에는 그저 개인 취향의 기호품에 가깝다. 주로 20~30대 젊은 여성의 있어빌리티 위주의 라이프스타일 제품이 대부분이다. 리뷰의 내용이 전문성을 세밀하게 파고든다기보다 톡톡 튀는 짧은 텍스트와 감각적인 이미지 및 영상으로 방문자들을 사로잡는다. 제품 리뷰라기보다는 유용한 라이프스타일 팁을 소개하는 것에 가깝다. 또한 구독자가 댓글로 알려준 관련 팁을 사용해보고 좋으면 다시 리뷰

2020년 4월 디에디트는 유튜브에 집중하면서
구독자 20만 명을 돌파했다.

라이프스타일을 보여주는
두 번째 유튜브 채널 디에디트라이프

로 올리는 소통이 활발하다는 점에서 신신하다.

유튜브 화면에서 정면 샷으로 보여주는 에디터의 설명은 전문가가 가르치듯이 하는 것이 아니라 사용자의 눈높이에서 가려운 곳을 긁어주는 느낌으로 더욱 공감이 간다. 현학적이거나 권위적이지 않고 친근한 매력이 넘친다. 중간 중간 위트 있는 장면들도 있어 지루하지 않고 발랄하면서도 재미있는 리뷰가 인기 포인트다.

디에디트는 '이건 내 취저(취향 저격)이고 이렇게 쓰니 너무 좋더라'는 식으로 전달한다. 온라인 미디어 기자 출신의 직장 동료들이 과감히 회사를 뛰쳐나와 미디어 스타트업을 창업하면서 리뷰어의 길을 시작했다고 한다. 일주일에 기사 5개만 올리자는 규칙을 정했고, 지금까지 그것을 지키면서 매일 하나 이상 기사를 올리고 있다.

처음에는 큰 반향이 없다가 구독자들의 추천에 따라 유튜브 채널을 운영하면서 인기를 얻기 시작했고, 2020년 9월 현재 구독자

수가 23만 명을 넘어섰다. 온라인으로 1,000원짜리 하나를 구매할 때도 후기를 살펴보고 결정하는 시대에 1인 미디어 리뷰어들의 영향력은 갈수록 커지고 있다. 물건을 구매하는 사람들에게 리뷰어는 어떤 방식으로 영향력을 발휘하고 있을까?

진화하는 리뷰어 미디어의
비즈니스 모델

꽤 오래전부터 리뷰어는 온라인 구매층을 주도해왔다. 제품 리뷰어의 흐름이 본격적으로 바뀌기 시작한 것은 2010년대 초·중반경이었다. 삼성전자가 처음 갤럭시 스마트폰을 출시한 2010년에는 제품 홍보를 위해 20여 개의 기존 전통 미디어(신문, 잡지, 방송) 기자들을 초청해서 신제품 모델을 나눠 주고 홍보기사를 부탁했다. 삼성전자뿐 아니라 여타 제품의 제조 회사들도 제품 기능과 사용 후기에 대한 홍보를 매스미디어의 기자들에게 부탁하는 것이 관례였다.

그런데 언제부턴가 신제품 출시가 예정되어 있는데 기자들에게 제품 발표회 초청도 오지 않고 은근히 기대하던 신제품 지급도 없어 거꾸로 기자들이 기업 홍보실에 연락했다고 한다. 담당 부서의 답변에 따르면 기자를 부르지 않고 온라인의 파워블로거를 초대해서 사전 체험과 제품 후기를 요청했다는 것이었다. 지금은 특이한 현상도 아니고 당연한 것으로 받아들여진다.

출처 : 더파크 홈페이지

    IT 기기 분야에서는 디에디트 이전에도 10여 년 전부터 4K 화질의 동영상 리뷰를 내세웠던 언더케이지(underkg, 유튜버 구독자 54만 명), 기즈모(12만 명) 등이 유튜버로 명성이 높았다. 요즘에는 디에디트 외에도 고나고(9만 4,000명), 방구석리뷰룸(16만 명) 등이 뜨고 있다. (2020년 6월 현재) IT 제품 분야뿐 아니라 책, 여행, 먹방, 뷰티, 운동 등 다양한 분야에서 활동하고 있다. 디에디트처럼 제품뿐 아니라 다양한 라이프스타일을 넘나드는 흥미로운 곳으로 '더파크(the-park. co.kr)'를 꼽을 수 있다.

    더파크는 디에디트와 마찬가지로 미디어 스타트업을 표방하면서 책, 영화, 넷플릭스, 술, 자동차, 기타 기업 브랜드에 대한 리뷰를 통해 자신들의 라이프스타일을 보여준다. 넷플릭스를 리뷰 메뉴 맨 앞에 내세운 것이 인상적이다. 넷플릭스는 빅데이터 기반으로 취향에 맞는 추천 기능이 강점이기는 하지만 구독자 입장에서는 한번 정주행하면 오랜 시간을 쏟아부어야 하므로 어떤 것부터 봐야 할지 망설여진다. 그때 누군가의 믿을 만한 리뷰가 있다면 넷플릭스 초심자에게 매우 유익하다. 그 밖에 귀엽고 앙증맞은 내러티브의 캐릭터가 애니메이션으로 크리에이티브를 보여주고, 깔깔대는 두 남자가 재치 있고 위트 넘치는 수다로 이야기를 끌어간다. 혼라이프에 세련된 취향의 시티 라이프스타일을 엿보고 싶다면 더파크에 들어가 보자.

더파크를 이끌어가는 사람들도 디에디트처럼 글과 그림, 영상, 사진 등에 능숙한 매거진 기자 출신이다. 더파크는 디에디트와 달리 IPTV와 콘텐츠 제휴를 하기도 하고, 대기업 가전 신제품 바이럴 콘텐츠의 화자로 나서는가 하면 자신들이 근무하는 공유 오피스 한화플러스에서 스타트업의 애환이 담긴 다이어리를 웹툰 콘텐츠로 소개하기도 한다. 더파크는 다양한 브랜드와의 콜라보로 좀 더 새롭고 진일보한 형태의 리뷰어 비즈니스 모델을 보여준다(최근에 더파크는 자동차 중심의 라이프스타일 미디어를 표방하면서 카테고리를 좀 더 좁혀서 집중하는 모습을 보인다).

능력 있는 덕후 리뷰어가
인플루언서로 영향력이 커지고 있다

언제부턴가 덕후란 말이 전문적인 능력으로 인식되면서 능덕(능력 있는 덕후)이라는 신조어까지 생겨났고, 요즘은 리뷰어, 인플루언서 영역으로 넘어서기도 한다. 제품과 콘텐츠가 넘쳐나면서 수많은 검색 결과를 정리해주는 또 다른 큐레이션과 인공지능 추천 서비스가 등장했다. 하지만 추천 서비스가 아무리 정교해도 믿을 만한 사람의 추천이 여전히 가장 강력하다.

1인 미디어로 다양한 분야에 침투하며 제품의 생산자보다 더 전문성을 갖춘 리뷰어들이 인플루언서로 등극하고 있다. 예전에는 기능적인 전문성으로 무장한 리뷰어들이 대세였지만 지금은 SNS의 영향으로 재미있고(fun), 새롭고(new), 실용적인 도움(tip)이 되는 콘텐츠를 빠르게 생산할 수 있는 리뷰어가 더 인기를 끈다. 소비자의 라이프 스타일과 눈높이에 맞춘다면 훨씬 더 파괴적인 전달력을 발휘하기도 한다.

공감이 가는 취향과 잡다한 개성이 수면 위로 떠오르고 다양한 1인 미디어가 등장하면서 지식 대중화가 만개하기 시작했다. 책을 쓰는 사람이 읽는 사람보다 더 많다는 우스갯소리도 있지만, 책 시장에서 책 리뷰 인플루언서들의 영향력이 점점 더 커지고 있다. 유튜브에서 책을 리뷰하는 이른바 북튜버들이 많아지고 있다. 구독자 10만이 넘어가면 저작권을 따지기보다는 오히려 출판사가 책 홍보를 부탁할 정도다. 이런 곳에 책이 소개되어 베스트셀러에 오르기도 한다.

'체인지그라운드'는 58만 명을 넘어서면서 북튜버의 플랫폼이 되기 시작했고, 웹툰 애니메이션 '책끝을 접다'는 전자책 1위 업체 리디북스가 인수했다. 북튜버 '겨울서점'은 12만 명을 넘어서며 월

4,990원의 유튜브 유료 멤버십 서비스까지 시작했다. 보통 북튜버는 팟캐스트 방송도 병행하는데, 최근에는 이런 북튜버들의 한 달 수입이 수백만 원에 이른다는 소문이 들리면서 직업으로 관심을 가지는 사람들도 늘어나고 있다.

예전에는 블로그나 개인 홈페이지 게시판을 운영하는 것에 불과했던 리뷰어들이 다양하게 진출할 수 있는 배경은 무엇일까? 무엇보다 SNS나 유튜브, 인스타그램 등의 미디어가 일상생활에 스며들기 시작한 이유도 있지만 창작 도구들이 좀 더 대중화되고 다루기 쉬워진 점도 한몫한다. 그래픽과 영상 촬영 편집 도구, 스마트 기기들의 기능들이 뒷받침되면서 개인들도 리뷰 콘텐츠를 뚝딱 만들어 누구나 리뷰어 대열에 참여할 수 있다.

제품도 넘쳐나지만 이를 먼저 경험하고 중개하는 매개자들도 넘쳐난다. 물건 자체보다 그 물건을 경험한 사람들의 정보를 먼저 찾는다. 무엇이든 넘쳐나는 과잉의 시대에 리뷰어는 점점 더 다양한 영향력을 발휘할 것이다.

무엇을 살까, 무엇을 먹을까, 무엇을 배울까, 어떻게 살아야 할까 등을 생각할 때도 구글과 네이버, 인스타그램과 페이스북, 유튜브를 검색한다. 그동안 미디어가 우리의 현실 세계를 재구성해주고 걸러주는 필터링(filtering) 역할을 해주었다면, 미디어와 기술의 발달로 신문과 텔레비전 외에 다양한 형태의 필터들을 갖게 되었다. 취향과 라이프스타일 성향이 비슷한 리뷰어들이 관심 있는 정보를 걸러주면 소비자들은 자신의 입맛에 맞는 정보만 취사선택할 수 있다.

리뷰어는 브랜드를 홍보하고 경험을 공유하는 차원에서 매개자이지만 고객들의 라이프스타일을 한데 모으는 인플루언서로 발전할 것이다. 라이프스타일 비즈니스를 꿈꾸는 개인이나 기업이라면 리뷰어들의 역할 변화를 반드시 눈여겨봐야 한다.

3장

경험을
자극하라

LIFE STYLE

경험 플랫폼이
속속 등장하다

테헤란로 커피클럽에는 격
주로 수요일 아침 7시 45분에 사람들이 모인다. 무료로 온라인 신청
을 하고 선착순이다. 새벽부터 강남으로 나와야 하니 모임이 끝나면
사무실로 출근할 사람들이다. 벤처캐피털 심사역, 대기업 신사업기획
자, 중소 벤처기업 사장과 임원, 취업 희망자, 대학생 등 출신과 관심
분야도 다양하다. 그만큼 열정적인 사람들이고, 사업 스터디가 꼭 필
요한 사람들이라는 공통점이 있다.

매번 스타트업 두 곳이 나와서 자신들의 비즈니스 모델에 대한

테헤란로 커피클럽, 격주로 수요일 아침 7시 45분에 모임이 열린다.

브리핑을 한다. 대략적인 사업 단계로 봤을 때 초기 창업 단계의 데스밸리(death valley, 성장 곡선에서 초기 자금과 체력이 고갈되는 지점)는 벗어나 어느 정도 성과를 내면서 시리즈 A 투자(창업 2~5년 차 스타트업 대상의 10억~20억 원 규모) 단계에 들어서려는 스타트업들이 주로 발표에 나서는 듯하다.

하루는 프립(Frip)이라는 서비스를 론칭한 스타트업이 발표를 했다. 그런데 대표가 설명하는 내용들이 당시 내가 구상하는 것과 매우 유사한 비즈니스 형태여서 흥미로웠다. 2016년부터 유행처럼 번지고 있는 경험 플랫폼 중 하나였다. 주로 아웃도어 액티비티를 엮어서 의미 있는 여가 시간을 경험할 수 있도록 전문가 호스트와 참여 희망자를 연결하는 서비스였다. 벌써 카약, 암벽 등반 등 새로운 호기심과 건강한 라이프스타일에 관심 있는 2030세대가 모여 발표 시점(2018년 4월) 기준 회원 수 40만 명에 3,600명의 액티비티 전문가가 모임 활동을 오픈하고 있었다.

한동안 초기에는 친구들을 끌어모아 주말에 아웃도어 활동에 나섰고, 이후 조금씩 입소문이 나면서 커뮤니티 서비스로 전환했다고 한다. 역시 모든 사업 아이템에는 항상 누군가 빠르게 달려가는 플레이어들이 있다. 아이디어보다 실행력이다. 내가 생각했을 때쯤에 누군가는 이미 밥상을 차려놓고 손님을 맞이하고 있다.

프립과 내가 구상한 비마인드풀 서비스의 차이점은 포털처럼 모든 종류의 액티비티를 수용하느냐, 요가와 명상 같은 버티컬한(특정 수요를 가진 소비층을 공략하는 것) 액티비티에 집중하느냐였다. 비마인드풀은 요가웨어, 요가용품 판매 커머스를 기본 서비스로 출발해서 클래스의 경험을 연결하는 것이었다. 반면 프립은 호스트가 주최하는 클래스와 기본 수수료를 바탕으로 대기업 브랜드와의 홍보 광고 노출 및 콜라보 마케팅을 하는 비즈니스 모델이다. 하지만 종국에는 모두 비슷비슷하게 수렴되지 않을까?

**프립 회원들과
요가하고 명상하고 달리다**

프립의 발표를 듣고 6개월 후에 비마인드풀이 기획한 나름 큰 행사 이벤트에서 프립 플랫폼의

뛰고 요가하고 명상하는, 비마인드풀에서 기획한 건강한 라이프스타일 3종 챌린지. 요가 초보자, 러닝 동호회, 직장인, 일반인들이 참가했다. 단순한 요가 행사가 아닌 새로운 라이프스타일을 알리는 행사였다.

덕을 보았다. 비마인드풀이 롯데월드타워 앞 잔디 광장에서 300명을 모아놓고 하루에 요가, 명상, 5K러닝 3가지에 도전하는 3종 챌린지 행사를 기획했는데, 프립의 회원들도 일부 참여했다. 당시만 해도 우리나라의 요가 행사들이 대부분 전문적인 요가 강사나 요가원 마니아들만 참여하는 형태였다. 일반인들은 주변에서 신기한 구경을 하는 관전자의 모습이었다. 비마인드풀은 요가 초보자나 러닝 동호회, 직장인, 일반인도 편하게 참여할 수 있도록 건강한 라이프스타일의 하나로 기획했다.

불과 1년 남짓 사이에 지금은 한강공원이나 루프탑 등 아웃도어 요가가 부쩍 많아졌다. 하지만 당시에는 요가하는 사람은 러닝을 안 하고, 러닝하는 사람은 거의 요가를 하지 않았다. 요가와 명상이 특별한 게 아니고 일반인도 언제 어디서나 일상에서 쉽게 경험하고 접할 수 있는 건강한 솔루션이라는 점을 접목하고 싶었다. 행사 준비 과정에서 어려운 점도 많았지만 성황리에 끝났다. 프립을 비롯해 요가와 명상 액티비티는 젊은 층에게 분명 새로운 라이프스타일의 하나로 성큼 다가와 있음을 몸소 체험할 수 있는 기회였다.

돈 내고 책 읽는
모임이 등장하다

취향, 퀘렌시아(Querencia, 나만의 안식처), 경험 플랫폼 등 새로운 라이프스타일 트렌드 키워드가 쏟아져 나오기 시작하던 2016년, 프립 론칭과 비슷한 시기에 또 하나의 대표적인 경험 플랫폼이 등장했다. 책을 읽고 토론하는 독서 모임으로, 돈을 내야 참여할 수 있는 독특한 콘셉트의 모임 플랫폼이었다. 유료 독서 클럽이 과연 사업이 될까 하는 의구심을 실제 사업화한 곳은 트레바리다. 대학 시절부터 오랫동안 독서 모임을 이끌어본 경험이 창업까지 이어졌다.

독서 클럽을 신청하는 데 드는 비용은 19만~29만 원. 책을 고르고 토론을 이끄는 일종의 주인장 역할을 하는 클럽장이 있는 모임이 있고, 클럽장 없이 참여자 모두가 돌아가면서 호스트를 하는 모임이 있다. 비싸고 유명세가 있는 클럽장이 이끄는 모임은 신청 경쟁이 치열하다. 4개월을 한 시즌으로 해서 한 달에 한 권씩, 총 네 번의 모임을 가지고 400자 이상의 독후감을 미리 쓰지 않으면 돈을 냈

책을 읽고 모이는 트레바리 독서 클럽

더라도 모임에 참가할 수 없다. 그리고 다음 시즌의 참가 신청은 기존 참가자들에게 우선권을 먼저 주고, 기존 참가자의 신청이 끝나야 신규 신청을 받는다. 첫 시즌을 4개 클럽 80명 회원으로 시작해서 지금은 400여 개가 넘는 클럽들이 개설되는데, 모두 조기에 마감된다는 점이 놀랍다. 트레바리를 신청하는 사람들은 과연 무엇을 찾으려고 하는 것일까? 이만한 돈을 지불할 가치가 있는 것일까? 여러 가지 궁금증을 해소하기 위해 나도 2019년 여름 시즌부터 트레바리에 직접 참여해보았다.

우선 같은 책을 읽고 호스트의 발제에 따라 소감을 말한다. 각자

종사하는 분야가 다르기 때문에 다양한 지식과 경험이 책 내용과 연결된다는 것을 알 수 있다. 평소에 혼자 읽으면 선택하지 않을 독서 취향이 모임 공통의 독서목록 선정으로 중화되는 효과도 있다. 나이와 성별이 모두 다른데도 오히려 편하게 자신의 이야기를 하고 경청할 수 있었다. 아마도 서로 친하지 않으면서도 딱히 불편하지 않을 정도로 적당한 거리를 두기 때문인 듯하다.

회사에서는 경직된 분위기로 인해 발언하지 못할 얘기도 스스럼없이 흘러나온다. 서로 질척대지도 않고 상하 위계질서도 없는 모임에서 자신만의 개인적인 취향 또는 경험을 충분히 즐길 수 있다. 혼자서는 외롭고, 누군가와 같이 있으면 부담되는데, 취향 모임에 오면 적절한 온기와 편안함이 있는 것이다. 게다가 새로운 호기심과 경험을 살 수 있어서 더욱 매력적이다.

책의 기능도 중심축 역할을 한다. 관심 분야의 주제를 자연스럽게 이끌어주는 어젠다(agenda) 세팅의 기능을 수행하고, 지적인 호기심을 채우는 충만함까지 느끼기에 책만 한 매개체가 없다. 물론 멤버들의 분위기나 클럽장의 스타일에 따라 만족감은 들쭉날쭉할 수밖에 없다. 하지만 건강한 개인주의를 위한 적당한 거리 두기를 잘 유지한다면 이 정도의 비용 지출은 충분한 가치가 있는 듯하다.

최근 트레바리는 독서 모임과 연계해서 다양한 이벤트 클래스들을 별도로 오픈하고 있다. 나는 트레바리 모임에서 만난 차(tea) 구독 서비스 스타트업 대표와 함께 요가와 차를 스토리로 풀어내는 체험 클래스를 계속 열고 있다. 트레바리 멤버들을 대상으로 한 클래

요가와 명상을 한 다음 차를 마시고 차의 스토리텔링을 듣는 취향 클래스

스이며 비마인드풀 스튜디오에서 열린다. 나중에는 차를 소재로 한 스토리텔링을 유튜브, 팟캐스트 콘텐츠로 다양하게 확장해나갈 계획이다.

트레바리 정규 이벤트 중 요가, 필라테스, 러닝 등 운동 관련 클래스는 가장 인기 있는 분야로 항상 가장 빨리 마감된다. 트레바리는 기존의 유료 회원 6,000명에 맞춰 추가로 더 많은 체험 클래스를 확장해나가고 있다. 최근에는 특별히 체험 독서 패키지 상품도 내놓았다. 4개월 동안 독서 모임 4회와 테마 체험 4회를 묶은 상품을 43만 원에 내놓았다. F. 스콧 피츠제럴드의 《위대한 개츠비》를 읽고 재즈 공연 관람, 정인성의 《소설 마시는 시간》을 읽고 위스키 클래스, 김영하의 《여행의 이유》를 읽고 미술 드로잉 수업, 엘리자베스 길버트의 《먹고 기도하고 사랑하라》를 읽고 요가명상 체험을 하는 것이다. 책을 통해 새로운 방식으로 경험과 소비를 연결하는 것, 그야말로 취향과 경험을 사고파는 시대를 주도하는 방식이다.

책을 들고
살롱으로 모여들다

트레바리와 유사한 경험 플랫폼이 다양하게 등장하고 있다. 문토라는 모임은 살롱 문화의 기치를 내세우며 격주마다 3개월 시즌제로 취미와 관심사를 엮어서 활발하게 운영 중이다. 가격대는 트레바리와 비슷하다. 트레바리가 약간 느슨한 네트워크 분위기라면, 문토는 좀 더 체험과 친목의 성향이 강한 편이다. 독서 모임도 있지만 요리 클래스 등의 취미 활동으로 더 인기를 모으고, 소셜 살롱의 문화를 표방한다.

살롱(salong)은 17~18세기 프랑스 상류사회에서 사교를 목적으로 모이는 장소였다. 귀족의 사교문화로 시작해서 점차 문인과 예술인들이 심도 있는 대화와 교류를 통해 프랑스 지성사에 의미 있는 족적을 남긴 것이 살롱 문화였다.

온라인에 익숙한 세대들이 오프라인에 몰려들면서 살롱 문화의 콘셉트를 지향한다는 것이 흥미롭다. 혼자이길 원하면서도 누군가의 '좋아요'를 열망하고, 텍스트와 이모티콘으로 대화하는 것이 익숙한 세대가 오프라인에서 직접 얼굴을 맞대고 대화하려는 것이 어찌보면 역설적이다. 이런 살롱 문화는 어느 날 갑자기 등장한 것이 아니라 무언가의 자극이 누적된 결과이다. 저 멀게는 IMF 시절부터 도래한 '회사가 개인의 삶을 지켜주지 못한다'는 자각, '회사보다는 나에게 더 집중하자', 《미움받을 용기》로 대변되는 건강한 개인주의의 도래, 생활 곳곳에 스며든 모바일과 디지털 도구의 혁명, SNS로 자기를 손쉽게 표현하고 연결하는 일상의 기록, 꼰대 문화에 저항하는 밀레니얼 세대의 등장 등이 중첩되고 누적된 결과라고 할 수 있다.

어느 한 가지로 명확하게 설명되지는 않지만 일과 삶의 균형이 필요하다고 생각하는 젊은 직장인들은 회사 바깥에서 어떤 솔루션을 찾기 시작한 것이 분명하다. 예전에는 직장 선후배나 상사들 틈에 끼어 회식이 끽연 자리에서 듣던 충고와 조언이 격변하는 세상과 맞지 않고 거추장스럽게 느껴진 탓도 있다. 또는 회식을 제외하고 모임이라 하면 주로 동창회였는데, 이제는 학연과 지연보다 취향과 관심사에 기반을 둔 모임들이 대신하는 추세다. 동문회 동기들도 잘 모이지 않는다.

퇴근 후 직장 바깥에서 좀 더 눈높이에 맞고 취향이 비슷한 낯선 만남을 통해 심리적인 안정감을 느낀다. '힙한 공간'에서 자극받는 감성적 만족감, 느슨한 관계에서 부담 없이 즐기는 취미 활동을 통해 불안한 미래보다 현재에 더 집중하려고 한다. 책을 들고 살롱에 사람들이 모여드는 현상이 인상적으로 느껴지지 않는다면 라이프스타일 변화에 대한 이해가 부족한 것이다. 단지 마케팅 트렌드의 변화나 젊은 세대의 일시적인 유행으로만 본다면 개인과 기업의 생존에 있어서 큰 패착이 될 것이다. 앞서 언급한 사례 하나하나도 진폭이 큰 변화인데 그것이 누적되고 중첩되어 사회성과 인간관계에 지각변동을 일으키고, 라이프스타일의 변화로까지 이어지는 의미심장한 시사점을 담고 있다.

정보 과잉의 시대,
사람들은 명상을
필요로 한다

매일 명상하며
잠들다

가끔씩 저녁에 잠들기 전 침대맡에 앉아 가부좌를 틀고 눈을 감는다. 길어야 5분. 방법은 간단하다.

1. 우선 척추를 바르게 펴고 앉는다. (책상 앞 의자에 앉아도 상관없다.)
2. 눈을 감고 두 손을 몸 중앙에 놓되 왼손 위에 오른손을 놓는다.
3. 코로 숨을 들이마시고 내쉰다. 마시는 호흡이 3이라면 내쉬는 호흡은 7로 길게 내쉰다.

4. 세 번째 숨을 완전히 비워낸 후 숨을 참고 정수리에 주의를 집중한다.

5. 1, 2, 3 숫자를 센다.

6. 1~5 과정을 총 7세트 반복한 다음 "모든 고통은 잡스러운 자기중심적인 생각에서 비롯됩니다"를 다섯 번 반복해서 말한다.

7. 마지막에 눈앞에 드넓은 공간이 있다고 상상하고 그곳에 계속 주의를 기울이고, 잡념이 떠오른다면 '내가 잡념이 떠올랐구나'라고 인식한다.

8. 자신에게 소중한 한 사람을 떠올리고 그 사람이 지금 어떤 기분일지 그 사람을 더 기쁘게 해주기 위해 내가 어떤 것을 할 수 있는지 생각한다.

9. 천천히 눈을 뜬다.

파라미터 명상법은 누구나 혼자서도 쉽게 따라 할 수 있는 호흡 명상법이다. 2016년 인도의 명상학교에서 잠시 배우고 체험했다. 불과 일주일 다녀왔지만 한국에 돌아온 직후부터 약 한 달 반 동안 매일 밤 잠들기 전에 꾸준히 명상을 해보았다. 나 스스로는 거의 느끼지 못했지만, 주위 사람들(특히 직원들)이 내가 조금 부드러워졌다고 했다. 그러고 보니 뇌가 말랑말랑해진 기분이 들기도 하고 스트레스가 줄어들거나 화가 누그러지는 느낌이었다. 한 달 반 정도의 짧은 기간이었지만 감정 변화에 대처하는 능력이 조금 생긴 것을 느꼈다.

정말 효과가 있다는 것을 느낀 이후로 명상 관련 책도 읽어보고 세미나와 모임에 참석하기도 했다. 하지만 피트니스 클럽이나 요가 원처럼 한번 빼먹으니 두 번 세 번 빼먹게 되고 차츰 뜸해졌다. 좀처럼 쉽지는 않지만 지금도 꾸준히 명상을 습관화하려고 노력한다. 내가 라이프스타일 비즈니스 기획을 하게 된 계기도 명상을 통해 얻은 인사이트가 그 출발점이었다. 현대사회를 살아가는 사람들에게는 요가와 명상처럼 건강하게 스트레스를 해소하는 방법이 절실하다는 것을 느꼈다. 명상 덕분에 마음 수련이 무엇인지 알게 되었다. 매번 마음의 평화를 찾기 위해 굳이 멀리 인도까지 다녀오거나 깊은 산속을 찾지 않아도 된다. 일상에서도 얼마든지 명상을 통해 내면의 평화를 찾는 훈련을 할 수 있다.

가장 손쉬운 방법은 스마트폰에 명상 앱을 깔고 집이나 사무실에서 혼자 실천하는 것이다. 명상 앱은 대체로 내레이션과 음악, 소리를 통해 명상하는 순서를 가이드하는 역할을 한다. 당시에는 우리나라에서 개발된 명상 앱이 없어서 미국의 명상 앱을 찾아 거의 다 사용해보았다. 뇌파를 측정하는 웨어러블 명상 기기를 해외에서 주문해 사용해보기도 했다. 나중에는 호흡을 가이드해줄 수 있는 명상 앱이나 웨어러블 기기를 직접 만들어볼까 하는 생각도 들었다. 하지만 투자 대비 수익 모델을 찾지 못했다.

우리 사회는 명상에 대한 선입견이
놀랄 정도로 강했다

처음 명상을 접하면서 놀라웠던 것은 우리 사회가 명상에 대한 선입견이 강하다는 점이었다. 2016년만 해도 주위 사람들에게 명상이 좋다고 한번 해보라고 권하면 의외의 경계심을 보였다. 명상을 특정 종교와 연결지어 생각하거나 '도를 아십니까' 유의 사이비 이미지가 있었던 것이다. 젊은 층은 상대적으로 덜했는데 40~50대 이상의 중장년층은 유독 왜곡된 이미지를 가지고 있었다.

한국, 일본, 중국 등 동양에서 명상은 종교적으로 받아들이는 성향이 강해서 대중적으로 확산되는 데 한계가 있다. 오히려 서양에서는 불교의 선(禪) 사상을 종교가 아닌 철학으로 받아들인다. 명상을 과학적으로 입증하기 위해 합리적인 이론과 프로세스로 정립하면서 대중들에게 좀 더 친숙하게 다가가고 있다. 우리나라는 이제야 그런 단계로 접어들고 있다.

21세기에 들어오면서 이전 세기에는 상상도 하지 못했던 뇌기능 탐색 도구들이 개발됨에 따라 심리학이나 뇌과학 분야에서 많은 연구가 진행된 것도 명상을 이해하는 데 영향을 미쳤다. 대표적으로 기능성 자기공명 영상(fMRI)을 통해 마음과 뇌에 관한 새로운 이해의 지평이 열렸다. 1980년 미국 매사추세츠 주립대학 의료원의 존 카밧진 박사가 MBSR(Mindfulness Based Stress Reduction)이라 부르는 마음챙김(Mindfulness) 명상 치료 프로그램을 처음으로 도입했다.

"이전까지는 마찬가지로 미국에서도 명상에 대해 과학적으로 연구한 논문이 한 편도 없었고 심리학, 의학에서 명상에 대해 언급하면 이상하다는 취급을 받았다고 한다. 하지만 35년이 지난 2014년엔 한 해에만 논문이 773편이나 각종 학술지에 쏟아져 나올 정도로 마음챙김 명상이 심리학, 의학, 뇌과학 및 스트레스 과학에서 크게 주목을 받기에 이르렀다. 이제 마음챙김 명상은 종교적인 수련의 의미를 넘어 몸과 마음의 병을 예방하고 치료하는 주류 의료의 하나로 바뀌게 된 것이다."

— 장현갑, 《명상이 뇌를 바꾼다》

매스미디어도 이 같은 현상을 다루기 시작했다. 2003년 〈타임〉은 '명상의 과학(The Science of Meditation)'을 표제 기사로 다루면서 명상과 과학을 논리적으로 연결하는 과학적 연구가 확산되었다. 2005년 〈워싱턴포스트〉는 '명상이 뇌를 충전시킨다'는 신년 특집 기사를 다뤘다. 같은 해 9월 〈뉴스위크〉는 마음챙김 명상에 관한 특집호를 발간했다. 스트레스를 줄이는 데 마음챙김 명상이 탁월한 효과가 있다는 것이 밝혀지면서 명상이 새로운 의료 패러다임으로 등장했음을 강조했다.

2005년 11월 신경과학회(Society for Neuroscience)는 워싱턴 D. C.에서 열린 연차 학술대회의 기조 연설자로 불교 지도자 달라이 라마를 초청하는 놀라운 일이 벌어졌다. 과학자들이 스님을 초청해 의견을 청취하고 토론을 벌인 것이다. 강연 주제 또한 '신경가소성

넷플릭스에 올라오는 명상 관련 다큐멘터리

(Neuroplasticity)', 즉 명상과 같은 마음 수련으로 뇌가 변화한다는 것
이었다. 이 강연에서 달라이 라마는 "마음과 생각이 뇌에 영향을 미
칠 수 있고, 뇌 또한 마음에 영향을 미칠 수 있으므로 마음과 뇌 사
이에 양방적 작용이 있다"고 주장했다.

　　마침내 2014년 〈타임〉은 '마음챙김 혁명(Mindfulness Innovation)'이

라는 특집 기사를 통해 명상 프로그램이 널리 확산되는 혁명적인 현상을 조망했다. 미국 사회에서 개인적으로는 CEO, 연예인, 스포츠 스타 등이 매일 명상을 통해 마음 수련을 하고, 단체 조직으로는 기업, 학교, 병원, 공공기관 등에서 임직원들의 스트레스 해소 수단으로 명상이 도입되는 추세라는 것이다. 구글의 명상 프로그램 '너의 내면을 검색하라(Search inside Yourself)'처럼 스트레스 해소를 위해 마음챙김을 개인과 조직 생활에서 다양하게 적용할 수 있는 구체적인 프로그램들이 나타나기 시작한 것이다.

또한 넷플릭스에서 명상을 검색하면 다양한 다큐멘터리를 찾아볼 수 있다. 유명한 힙합 뮤지션이나 스타들도 사회공동체를 향해 건강한 삶에 대한 메시지를 전한다. 대체로 명상을 통한 마음 수련이나 건강한 식습관이 건강한 삶의 균형을 찾는 데 얼마나 큰 역할을 하는지를 보여준다.

팀 페리스는 《타이탄의 도구들》에서 분야를 막론하고 자타가 공인하는 월드 클래스에 오른 사람들, 즉 이 세상에서 가장 지혜롭고 부유하고 건강한 사람들을 타이탄이라 지칭하면서 평범한 사람들과 무엇이 다른지 조사했다. 그 결과 공통적으로 나타나는 남다른 습관들 중 하나가 80% 이상이 매일 가벼운 명상을 하는 것이었다.

이스라엘의 히브리대학교 역사학과 교수이자 세계적인 베스트셀러 작가 유발 하라리는 평소 명상을 통한 깨달음에서 가장 큰 도움을 얻는다고 강조한다. 명상을 통한 집중과 정신적인 균형 감각, 사고의 유연성이 없었다면 《사피엔스》와 《호모데우스》와 같은 책을 쓰는 데 필요한 통찰력을 얻을 수 없었다는 것이다. 그는 매일 명상을 2시간씩 하고 매년 한두 달간 명상 수련을 가진다. 명상이 미신에 가까운 것이라고 믿었던 빌 게이츠에게도 영향을 끼쳤다.

빌 게이츠는 자신의 블로그에 근육을 단련하는 것처럼 명상은 마음 운동이라며 명상에 대한 깊은 이해를 하게 되었다고 썼다. 그 계기는 유발 하라리의 《21세기를 위한 21가지 제언》이었다.

"적어도 독자들이 내가 어떤 색깔의 안경을 끼고 세상을 보는지, 그것에 의해 내 시야와 글쓰기가 어떻게 변조되는지 알게 된다면 좋지 않을까 싶다. 나는 종교적 관점에서 명상을 하는 것이 절대 아니다. 그냥 현실을 더 명확하게 보려는 것이다. 많은 사람들이 오해하고 있다. 명상이 어떤 특별한 경험에 도달하는 수단이라고 생각하는 것이다. 그러나 명상의 가장 큰 장점은 자신의 마음을 알게 된다는 것이다. 숨을 한 번 쉬는 동안 자신을 진정으로 관찰할 수 있다면 모든 것을 관찰할 것이다."

— 유발 하라리, 《21세기를 위한 21가지 제언》

명상은 그가 세계를 보는 방법론이다. 그렇다면 과연 우리에게도 명상이 필요할까? 어떤 효과를 가져다줄 수 있을까?

명상은
주의력 결핍을 해소한다

미국에서는 최근 주의집중력 비즈니스가 뜬다고 한다. 정보 과잉 시대에 주의력 결핍에 따른 여러 가지 부작용과 스트레스가 가중되는 상황에서 이를 해결할 수 있는 솔루션이 필요한 것이다.

> "지난 수십 년 동안 업무 환경은 급속도로 변했다. 예전에는 사람들이 해야 할 일 하나에 집중할 수 있었지만, 지금은 끊임없이 이어지는 전화와 문자, 이메일, 회의, 마감기한을 처리하면서 동시에 멀티태스킹을 하려 한다. 끊임없는 정보와 방해물들의 홍수 속에서 우리의 뇌는 모든 것을 한꺼번에 처리하려고 하는 것이다."
>
> ― 라스무스 호가드 외,《1초의 여유가 멀티태스킹 8시간을 이긴다》

정보기술의 발달과 급변하는 업무 환경으로 사람들은 급격한 스트레스 환경에 놓였다. 토르켈 클링베르그는《넘치는 뇌》에서 이렇게 말했다.

"현대인의 뇌는 4만 년 전 크로마뇽인의 뇌와 거의 동일하다. 그 오랜 세월 동안 변한 게 거의 없는 인간의 뇌가 이제는 디지털 사회가 쏟아내는 정보의 홍수를 감당해야 한다. 크로마뇽인이 1년 동안 만날 사람들을 오늘날 우리는 하루 만에 만나고 있다."

실제로 미국 기업을 대상으로 실시한 조사에 따르면, 직장인들은 대략 3분마다 다른 일로 업무 방해를 받으며, 컴퓨터 작업을 할 때는 평균 8개의 창을 동시에 띄워놓는다고 한다. 스마트폰이 우리 신체와 24시간 밀착되는 상황은 더 심각해졌다. 아침에 눈을 뜨고 15분 이내에 스마트폰을 찾고, 하루 평균 150회 정도 스마트폰을 본다. 현대인들이 얼마나 주의력 결핍에 취약한 환경에 노출되어 있는지, 요즘 사람들이 왜 퇴근 후 힐링과 웰빙을 찾으러 돌아다니는지 알 수 있는 대목이다.

소확행, 슬로시티, 슬로푸드 등 자신에 대한 요구를 낮추고 삶의 속도를 줄이면서 좀 더 나다움을 찾고자 하는 라이프스타일은 이 모든 불균형에서 비롯되었다. 마음챙김은 알아차림(Awareness)과 집중력(Focus) 두 가지로 요약된다. 내가 지금 어떤 상태에 놓여 있는지 알아차리고 지금 이 순간 내가 하고 있는 일에 집중하는 것이다.

주의력 결핍의 시대에 사람들은 주의력 집중을 위한 해결책으로 명상을 찾고 있다. 명상에 대한 강한 선입견이 불과 2~3년 사이에 허물어지고, 시대의 변화에 맞춰 새롭게 경험할 수 있는 라이프스타일로 자리 잡을 것이다. 이런 흐름을 어떻게 잘 이해하고 받아들이느냐에 따라 사람들을 끌어들이는 새로운 라이프스타일을 선도하고 고객과 함께 호흡할 수 있는 비즈니스 기회를 얻게 될 것이다.

뉴요커처럼
거리를 활보하고 싶은 욕구

요즘 가끔 길거리에서 헐렁한 티셔츠에 요가매트나 텀블러, 에코백을 어깨에 멘 여성들을 볼 수 있다. 강남역이나 청담동 등 트렌디하고 젊은 거리에서 부쩍 눈에 띈다. 이들의 공통점은 레깅스를 입고 있다는 것이다. 미국에서 2000년대 초반 선풍적인 인기를 끌었던 드라마 〈섹스 앤 더 시티(Sex and The City)〉에서 뉴요커나 할리우드 셀럽들이 브런치 카페나 스타벅스를 배경으로 가끔씩 보이던 모습이 어느새 한국에도 상륙했다.

하반신 곡선이 고스란히 드러나는 밀착된 하의가 처음에는 민망하게 느껴졌는데, 점점 자연스러운 일상복이 되었다. 오히려 당당하고 건강미 넘치는 세련된 도시 여성의 라이프스타일 이미지로 받아들여지기도 한다. 특히 인스타그램에서는 '#운동하는여자'(932만 명, 2020년 9월 현재), '#요가하는여자'(21.2만 명, 2020년 9월 현재)가 해시태그에서 높은 순위를 장악했다. 누가 언제부터 이런 트렌드를 이끌었을까?

여성 레깅스는 주로 패션, 스포츠, 운동복 카테고리에 속해 있다. 전체적인 변화를 한번 살펴보자. 아웃도어 시장이 최근까지 급격한 성장과 부침을 겪으며 오르막과 내리막을 겪은 반면 인접한 스포츠웨어 시장은 한동안 잠잠했다. 스포츠웨어는 전통적으로 나이키, 아디다스 등 대형 브랜드가 견고하게 자리 잡고 있는 시장이다. 이들은 마이클 조던, 타이거 우즈 등 초대형 스타플레이어나 유명 스포츠팀들과 후원 협찬 계약을 맺고 신제품이 나올 때마다 멋진 광고와 세련된 브랜드 메시지, 스타 초청 이벤트로 전 세계 운동 마니아들의 팬심을 끌어왔다.

스타플레이어들의 화려한 경기 퍼포먼스와 사생활을 비롯한 일거수일투족에 모든 미디어와 이목이 쏠리면서 나이키, 아디다스의 주가도 들썩였다. 스포츠 경기 자체가 가진 드라마틱한 라이벌 경쟁 구도에다 새로운 스타의 등장과 인기 팀의 챔피언 성공 스토리가 곁들여지면서 상승 효과를 냈고, 이는 곧 미디어 광고 시장의 동반 성장까지 이끌었다. 이럴 때마다 스포츠웨어는 천문학적인 비즈니스 가치를 창출했고, 브랜드 파워는 더욱 견고해졌다.

그러던 중 2014년 미식축구의 언더레이어 운동복에서 출발한 언더아머라는 새로운 브랜드가 혜성같이 등장해 아디다스를 끌어내리고 2위에 올라섰다. 하지만 잠시 주목을 끄는 정도였고, 독보적인 1위 나이키의 견고한 아성은 흔들리지 않았다. 여전히 남성 스포츠 중심 스타플레이어가 팬층을 견인하는 공식은 변함이 없었다.

운동하는 모습이
아름답다

이런 스포츠웨어 시장을 노처럼 꿈틀거리게 한 것이 바로 룰루레몬이다. 올해 미국 뉴욕 나스닥 주가가 전년 대비 40% 상승했으며, 2019년 매출이 처음으로 40억 달러를 넘을 것으로 예상되고 있다. 아직 나이키에 비해 10분의 1 수준이지만, 비교적 고가인데도 우상향 성장세를 계속 유지한다. 애슬레저복이라는 일상복 분야까지 확장하면서 남성복마저 넘보고 있어 기존 스포츠 브랜드들도 긴장하고 있다. 룰루레몬의 성공 비결은 무엇일까?

1998년 캐나다 밴쿠버에서 시작한 룰루레몬은 요가 활동에 최적화된 레깅스를 개발하면서 인기를 끌기 시작했다. 어떻게 하면 사람들이 신체 활동을 할 때 최적의 감각을 느낄 수 있을지 집중해서 얻은 기술적 완성도가 근본적인 성공의 비결이다. 요가는 몸을 움직이면서도 모든 욕망을 내려놓고 마음에 집중하는 고도의 수련 과정이다. 하지만 5,000년 이상 흘러오면서도 고가의 장비나 운동복이 중요하게 인식되지 않았다. 지금도 진정으로 요가를 아끼는 사람들은 고가의 요가복이나 요가매트에 회의적인 의견을 보인다. 하지만 소득수준과 사람들의 자기애가 점점 높아지면서 자신의 몸과 마음에 대한 관심이 부쩍 커지기 시작했다. 그 속에서 요가가 여성들을 중심으로 라이프스타일 변화의 진앙지 역할을 한 것이다.

요가는 라이프스타일 속에서 독특한 포지션을 가지고 있다. 살을 빼고 몸매 관리를 하는 다이어트 뷰티의 대중적인 속성과 동시에 자신을 위로하고 영적인 충만함을 안겨주는 비세속적인 고결한 속성을 가진다. 매우 개인적인 집중력을 필요로 하면서도 집단적인 군무에 매료되는 독특한 문화도 있다. 룰루레몬은 기본적으로 스포츠 테크놀로지로 기능성을 강조한다. 하지만 제품의 만족감을 어필함과 동시에 도시의 세련된 스타일로 자기애를 갈망하는 현대 여성들의 자존감을 한껏 높여주는 라이프스타일 브랜딩도 놓치지 않는다.

인스타그램과 같은 여성 취향의 SNS가 룰루레몬의 성장에 부스터 역할을 한 것은 당연한 결과다. '예쁘다'와 '있어 보인다'는 것은 동의어이고, 이는 곧 '좋아요'를 부른다. 명품보다는 세련된 요가복으로 도시를 자신 있게 활보하는 여성이 더 있어 보인다. 룰루레몬은 스포츠 스타보다 그 지역 매장을 중심으로 앰배서더(홍보대사)를 선정해 라이프스타일을 보여준다. 기존의 남성 중심 스타 마케팅으로 경쟁하지 않고 전혀 다른 애슬레저복 시장을 만들면서 새로운 라이프스타일을 개척한 것이다.

2015년 한국에 진출한 룰루레몬은 초기 몇 년간 잠복기를 거쳐 2017년과 2018년을 지나면서 공격적인 마케팅을 전개하고 있다. 복합 쇼핑몰 스타필드와 백화점을 중심으로 점포 수를 늘림과 동시에 각 매장들과 연계한 커뮤니티 클래스를 매주 무료로 열어 잠재력 있는 매장 앰버서더들을 끌어들이면서 다양한 이벤트를 벌이고 있다. 캐나다 밴쿠버에서 시작해 미국 시장으로 진출하는 과정에서 성장의 발판이 되었던 마케팅 방식을 그대로 적용한 것이다.

한국의 요가 시장은 요가학원 위주로 강사를 양성하고 민간 자격증을 발급하는 방향으로 발전해왔다. 대외 요가 행사도 기존 상사를 비롯해 요가 마니아층 위주로 진행되었다. 최근 몇 년 사이에 공중파를 비롯해 요가에 관한 세간의 인식이 크게 달라지는 변화의 추세에 발맞춰 룰루레몬이 공격적인 마케팅 시점으로 판단했다고 볼 수 있다.

룰루레몬의 움직임이 주목을 끄는 이유는 규모의 측면보다는 이전의 스포츠웨어와 다른 패턴으로 접근하기 때문이다. 캐나다와 미국과 마찬가지로 한국 시장에서도 룰루레몬은 요가에 한정하지 않고 러닝, 라이딩, 클라이밍 등 다양한 운동 분야로 넓혀가는 마케팅 방식을 적용하면서 일상복으로 확장하고 있다. 하지만 룰루레몬은 자신들의 오리지널리티는 요가라는 점을 꾸준히 강조한다. 왜 그럴까? 이것은 라이프스타일 기획에서 비롯된 것이다. 땀 흘리며 몸과 마음을 균형 있게 유지하는 라이프스타일은 좀처럼 쉽게 흉내 낼 수

요가복뿐만 아니라 다양한 운동으로
확장하는 룰루레몬

룰루레몬의 남성 팬츠 라인업

출처 : 룰루레몬 인스타그램(@lululemonkr)

없는 세련된 이미지가 있고, 그것이 요가에서 발현된다는 브랜드 철학을 가지고 있는 것이다.

요가가 건강한 라이프스타일에서 독특한 포지션을 차지하고 있다는 점을 룰루레몬은 누구보다 잘 알고 있다. 이런 비전과 철학을 라이프스타일과 함께 전파하는 것이 자신의 브랜드에 열광하는 팬들과 소통하는 방식이다. 나이키 농구화를 신고 막연히 스타를 동경하던 시대에서 내 몸과 마음을 건강하게 관리하며 '나는 이런 라이프스타일을 사는 사람이야'라고 SNS에 과시하는 시대로 변화하고 있다.

룰루레몬은 한국의 여성 고객들이 이런 변화를 받아들일 준비가 되었다고 판단했고, 이미 명품처럼 갖고 싶은 욕망을 불러일으키고 있다. 라이프스타일의 흐름을 이해하고 기획하는 것이 중요하다는 사실을 이보다 더 잘 나타내는 사례가 또 있을까? 룰루레몬은 최근 코로나로 인해 주춤했지만 남성복 시장에서도 성과를 나타내고 있다. 온라인 채널에서도 안정적인 매출을 확보하고 있어 앞으로도 여전히 성장세를 유지할 것으로 예측된다.

가장 인기 좋은 러닝 클래스,
광클릭을 부른다

책 읽고 토론하는 독서 모임 트레바리는 정규 독서 모임 외에 매달 다양한 테마로 이벤트 클래스들을 오픈한다. 트레바리 회원들은 2만~5만 원의 별도 수업료를 내고 다양한 체험 클래스에 참가한다. 기본적으로 회원 대상 이벤트이고 회원들이 지인을 동반할 수 있다. 이벤트 클래스 중 가장 인기가 높은 것이 러닝 클래스다. 매달 러닝 클래스는 오픈하자마자 가장 빨리 마감된다.

나도 러닝 클래스에 여러 번 신청했는데 번번이 실패하다 운 좋

뛰레바리(트레바리 러닝 크루) 단체 티셔츠

게 한 번 성공했다. 다른 신청자들도 어렵사리 여러 번 시도한 끝에 성공했다고 한다. 수업 초반에 러닝 코치가 몇 가지 달리기 기초 요령과 호흡법 등을 알려주고 몇 바퀴 트랙을 돈다. 치맥 뒤풀이에 이어 카카오톡 단체 채팅방으로 연결되어 끊임없이 번개 모임을 가진다. 서울 지역 곳곳에서 평일 퇴근 후 저녁 시간, 주말 이른 아침 번개런을 누군가 주선하고 자연스럽게 참여한다. 달리는 거리도 다양한데 5km에서 10km가 기본이고 다른 러닝 대회에도 같이 참여한다. 풀코스 마라톤 도전자들도 꽤 있다. 단체 티셔츠도 맞추고 서로 독려하고 달리기 정보를 주고받는다.

트레바리 담당자와 함께 체험 클래스 아이디어 협의를 하다가 이 정도 인기면 러닝 클래스를 하나 더 추가해도 되겠다는 얘기가 자연스럽게 나왔다. 선뜻 비마인드풀도 시범적으로 정기적인 러닝 클래스를 오픈해보자고 했다. 몇 차례 내부 협의 끝에 비마인드풀은 경복궁을 달리는 클래스를 열기로 했다. 늦가을 고궁 돌담길 따라 함께 달리는 '경복궁Run'은 한 바퀴 2.5km를 두 번 도는 5km 달리기로 오픈했다. 경복궁뿐만 아니라 인문학적 스토리가 무궁무진하게 쌓여 있는 서울 곳곳에서 함께 달려보자는 콘셉트였다. 이 러닝 클래스 또한 오픈하자마자 마감되었다.

아름다움보다는 건강을 중시하는
2030세대 러닝족

트레바리뿐만 아니라 퇴근 무렵 시내 한복판에서도 운동복 차림의 젊은 직장인들이 삼삼오오 모여 있는 모습이 종종 눈에 띈다. 어둑어둑해지는 도심 빌딩 숲에서 번개런을 하는 것이다. 인스타그램에서는 평일과 주말을 가리지 않고 몇 월 며칠 몇 시에 러닝 크루를 모집한다거나 단체 사진 게시물들이 올라온다. 해시태그 '#러닝크루'에는 14만 개, '#런스타그램'에는 42만 개가 넘는 게시물들이 넘쳐난다(2020년 9월 현재). 이들은 주로 인스타그램과 카카오톡으로 소통하며 모임을 운영한다.

비마인드풀 행사를 계기로 몇몇 러닝클럽들을 직접 만나보니 SRC(소셜러닝크루서울)는 서울의 많은 다른 지역들과 서로 연계하고 있었다. YRC(영러너스클럽)는 나이 제한이 있어서 30대가 되면 강제

152

비마인드풀×젊러모(젊은 러너들의 모임) 러닝 세션

탈퇴해야 하는 독특한 규정이 있어 젊은 20대만 활동하는 것이 인상적이다. 이 밖에도 인스타그램 팔로워가 5,000명 이상인 러닝클럽들이 즐비하다.

인원 제한 없이 퇴근 이후 모이는 시간은 저녁 8시. 잠시 스트레칭으로 몸을 풀고, 5km, 7km, 10km 거리별로 그룹을 나눠 러닝 코스를 달린다. 러닝 코스는 매번 달라지는데 인스타그램에 미리 게시한다. 러닝 그룹별 리더가 맨 뒤에서 블루투스 스피커를 들고 템포 빠른 음악을 켠 채 달리면서 속도 조절을 하고 신호를 준다. 혼자 달릴 때는 지루하지만 다 같이 그룹으로 달릴 때는 지루할 틈이 없다. 줄지어서 달리기 때문에 혼자 뒤처지지 않으려고 평소 자기 역량보다 더 멀리 빨리 뛴다. 막판 500m 남기고 스퍼트를 한 후 다시 모여서 마무리 스트레칭을 한다. 단체 사진을 찍고 각자 스마트 워치나 스마트폰 앱으로 기록을 확인하고 SNS에 올린다. 그리고 놀랍게도 깔끔하게 바로 귀가한다. 뒤풀이로 맥주 한잔하러 갈 만한데 소지품을 챙기고 헤어진다. 뒤풀이 얘기를 꺼내면 꼰대 취급을 받는 분위기다. 예전과 확실히 달라진 모임 문화다. 서로 질척대지 않고 노 알코올로 헤어지는 모습이 건강한 라이프스타일을 즐기는 멋진 친구들이라는 인상으로 남았다.

뒤풀이 없이 깔끔하게 헤쳐 모이는 러닝족들을 전폭적으로 불러 모으는 것은 역시 마라톤 대회다. 수많은 러닝 대회들이 봄가을에 집중적으로 개최된다. 단연 언론사들이 주최하는 전통의 조선일보(춘천), 동아일보(서울, 공주, 경주), JTBC 마라톤 대회가 건재한 가운데, 흥미롭고 다채로운 러닝 대회가 곳곳에서 벌어진다. 달리기 전문 스타트업 굿러너스컴퍼니가 주최하는 자연 속 산악 지대나 등산길을 달리는 트레일런(Trail Run)도 있다. 참가비 전액이 유방암 환자 치료비에 쓰이는 핑크런(Pink Run), 마블사의 히어로 캐릭터를 홍보하기 위한 마블런(Marvel Run), 여성만 참가할 수 있는 나이키 우먼스 레이스(Nike Women's Race), 그 밖에 뉴발란스, 아디다스, 아식스, 퓨마, 리복 등의 브랜드가 주최하는 러닝 대회들도 봇물처럼 생겨나 전국의 러너들이 모여든다.

전문가들은 국내 달리기 인구를 600만 명으로 추산한다. 예전에는 40대 이상이 전체의 60% 이상을 차지했는데, 최근에는 젊은 러너들이 두드러지게 증가하고 있는 추세다. 스포츠화 브랜드도 러닝

나이키 Run 'Go Seoul'(2018. 4.)
출처 : 대학내일 홈페이지(univ20.com/86016)

화를 달리는 장소에 맞춰 도심 러닝, 산악 러닝, 중거리용, 장거리용
으로 세분화하거나 아예 여성 전용 러닝화까지 출시하며 선택의 폭
을 넓혀나가고 있다.

"최근 20~30대 젊은 세대를 중심으로 러닝족이 늘면서 애슬레저
(Athletic+Leisure) 열풍이 불자 유통가도 다양한 상품을 출시하고 있
다. 과거 운동화, 레깅스 등 몸에 장착하는 용품이 큰 인기를 끌었다

면 최근에는 관리에 초점이 맞춰지면서 이른바 '액티브 뷰티'라는 용
어까지 생겨났다."

— 강경주, 〈"달리면서 가꿔요" … 20~30대 러닝족 급증에 유통가도 뛴다〉,
《한국경제》, 2019. 5. 22.

뷰티 업계는 운동 종류별로 효과를 더하고 피부 손상을 막아주
는 액티브 뷰티 제품을 소비자의 니즈에 맞춰 출시하고 있다. 건강
한 라이프스타일이 소비를 더욱 세분화하고 적극 주도하는 세상이
다. 러닝이 요가와 등산, 라이딩 등과 함께 아웃도어 활동의 핵심으
로 자리 잡으면서 급성장하는 애슬레저복의 유행을 이끌고 있다.
러닝클럽이나 러닝 대회에서 레깅스 차림으로 달리는 젊은 여성의
모습은 지금의 2030 러닝족의 상징처럼 되었다. 과연 2030세대의
놀라운 러닝 열기는 어디서 비롯된 것일까?

달린다는 것은
나를 표현하는 것

소셜미디어를 타고 달리기
스타의 영향력이 높아지고 있다. '런스타', '런예인'으로 불리며 스포
츠 브랜드의 '마이크로 인플루언서'로 떠오르기도 한다. 취업 전선에
서 헤매다가 답답한 마음에 헬스장에 등록해 러닝머신 위를 달리며
패배감에 젖었던 몸과 마음을 다시 살려냈다는 안정은 씨. 첫 달리기

출처 : JTBC 서울 마라톤 인스타그램(@jtbc_seoul_marathon)

코스로 벚꽃 휘날리는 남산을 뛰면서 러닝 포인트(running point, 달리기로 마련한 인생의 전환점)를 맞이했다고 한다. 풀코스 7회 완주, 철인3종 경기 완주, 27시간 동안 한라산 111km를 내달린 그녀는 달리기 하나로 6만 6,000명의 팔로워를 가진 런스타로 거듭났다.

"루저가 된 기분일 때 나는 달리기를 선택했다. 의욕도, 직장도, 꿈도 무엇 하나 뚜렷하지 못했던 나는 달리기를 통해 대기업에 합격했고, 새로운 꿈을 찾았다. 나만이 할 수 있는 특별한 직업을 만들어냈다. 내 삶을 풍요롭게 하는 일들이 무엇인지 알게 됐다."

— 안정은, 《나는 오늘 모리셔스의 바닷가를 달린다》

그녀는 러닝 전도사를 자처하며 강연과 홍보에 초청받는다. 단지 달렸을 뿐인데 우울함을 떨쳐내고 자존감을 회복하고 새로운 인생을 개척했다는 스토리는 너무 뻔하다. 하지만 그렇기 때문에 오히려 더 사람들에게 동질감을 준다. 나도 저 사람만큼 우울했고, 달리는 것도 마음만 먹으면 언제든 할 수 있는 것이니 나도 지금보다 더 나아질 수 있지 않을까 하는 공감을 준다.

《시작하기엔 너무 늦지 않았을까?》의 저자 벨라 마키는 젊은 세대의 불안감, 우울감, 외로움을 언급하면서, 이를 극복할 수 있는 가장 좋은 방법 중 하나로 몸소 체험한 달리기를 소개한다.

"20대는 실험 정신으로 무장하고 인생이 건네는 것을 모두 즐겁게 누려야 하는 시기다. 그런데 많은 사람들이 산더미 같은 불안, 부채, 박탈감을 끌어안고 그 귀한 10년을 근심과 공포 속에서 보내는 것 같다. 나는 내가 할 수 있는 것을 했다."

혼자 달릴 때도 세상과 연결될 수 있지만 함께 달릴 때 생기는 유대감 또한 서로 응원하고 친해지는 값진 경험을 선사한다. 2030 젊은 세대가 단체로 모여서 함께 달리는 강력한 매력에 빠지는 이유이기도 하다. 뿐만 아니라 달리기는 자신에게 주는 가장 큰 선물이자 성취다. 더구나 성취의 크기도 자기 스스로 정할 수 있다. 내가 정한 거리를 달리는 만큼 만족감을 얻는다.

다른 스포츠 대회에서는 1등부터 3등까지만 메달을 주지만 달리기 대회는 기록과 상관없이 모든 완주자에게 메달을 걸어준다. 자신이 정한 목표를 끝까지 포기하지 않고 해내면 그것 자체가 축하

받을 만한 성취인 것이다. 남들보다 더 빨리 들어왔다거나 더 뒤처졌다거나 하는 경쟁이 아니기에 달리기가 2030에게 그 어느 것보다 더 큰 행복감과 매력을 선사하는 것인지도 모른다.

> "어쩌면 달린다는 것은 나를 표현하는 것. 내 에너지. 내 의지, 내 열정. 내 이야기를…… 마라톤이 별건가. 저마다의 속도로 저마다의 이야기를 펼치는 거지."
>
> — 2019 JTBC 서울 마라톤 홍보 영상

2030의 달리기 열정을 이만큼 잘 표현한 문장이 있을까? 대회의 슬로건도 '#달리자_나답게'였다. 멋진 기획력이다. 이렇듯 운동과 취미를 넘어 하나의 문화 현상으로 꿈틀대는 2030의 러닝 열풍은 이미 우리 사회에 새로운 라이프스타일이 성큼 다가왔음을 알리는 또 하나의 신호탄이다. 누군가의 경험을 매력적으로 자극하는 라이프스타일 비즈니스를 기획하는 사람이라면 2030의 러닝 문화는 빼놓을 수 없는 필수 코스가 될 것이다.

굶는 다이어트에서
운동하는 다이어트로

사람들이 어디에 관심을 보이는지 알 수 있는 가장 쉬운 방법은 인터넷에서 어떤 검색어가 뜨는지 찾아보는 것이다. 과거에는 인구학적 통계로 분류한 계층이 어디에서 무엇에 얼마나 관심 있는지 추정했다. 혁명적인 정보기술의 발달로 데이터 수집 방법과 양 자체가 다른 지금은 실시간으로 좀 더 디테일하게 사람들의 관심사를 파악한다. 검색을 한다는 것은 소파에 기대서 리모컨으로 방송 프로그램을 찾는 것보다 더 적극적인 정보 습득 행위다. 인터넷 데이터를 추적해보면 간혹 의외의 검색 추이가 나타

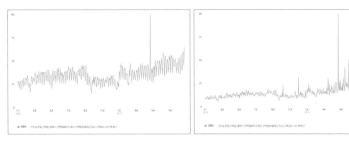

20~30대 여성   50~60대 이상
네이버 트렌드 '근손실', '근감소' 검색어 추이

날 때가 있다. 이럴 때는 뜻밖의 인사이트를 얻을 수 있다.

'근손실', '근감소'라는 검색어는 2019년 초부터 꾸준히 상승 곡선을 그리고 있는 키워드 중의 하나이다. 흥미로운 것은 이 단어를 검색하는 주체가 20~30대 여성이라는 점이다. 근육의 감소라면 얼핏 나이 많은 중장년층과 노인, 근육을 키우는 운동족이 관심을 가질 만한데, 왜 젊은 여성들이 더 많이 검색하는 것일까? 이것은 다이어트 트렌드와 밀접한 관련이 있다. 요즘은 굶고 약 먹으면서 살을 빼는 다이어트보다 먹을 만큼 먹으면서 운동으로 탄탄한 근육이 잡힌 몸매가 더 매력적으로 여겨진다.

근손실, 근감소, 단백질 보충, 단백질 셰이크, 홈트레이닝 등 젊은 여성들이 운동으로 근육을 만드는 과정에서 근육 감소가 얼마만큼 일어나는지, 단백질을 어떻게 보충해야 하는지 정보를 검색한다. 단순히 몸무게를 줄이는 것보다 좀 더 균형 잡히고 탄탄한 몸매를 만드는 것이 삶의 질을 높이는 것으로 인식한다. 이러한 추세는 활동적인 도시 여성의 라이프스타일 변화 중 하나로 운동뿐 아니라 식습관과 영양 공급의 변화로 연결되고 있다.

어떻게 하면 효과적으로 체중을 감량할까? 어떻게 하면 음식으로 질병을 예방할까? 건강한 식습관과 영양 공급에 대한 정보가 넘쳐나고 있다. 이러한 상황에서 자기 몸에 탄수화물이 맞는지, 단백질이 부족한지를 꼼꼼히 따지는 사람들은 젊은 여성뿐 아니라 모든 연령층에서 늘어나고 있다. 이들은 특정한 질병을 가진 환자나 비건(채식주의)이 아니다. 예전에는 대부분 운동선수나 우락부락한 보디빌더들이 단백질 보충과 식단 조절을 했지만 요즘은 평범한 일반인들의 관심사로 확대되고 있다. 생활 습관 속에서 좀 더 운동과 영양 공급을 균형 있게 조절해야겠다는 인식은 자기 몸을 아끼는 라이프스타일로 연결된다.

내 몸을 아끼는
웰에이징

몇 년 전 한 경제연구소에서 향후 라이프스타일을 예측해본 결과 자기 몸을 아끼는 것은 모든 연령대에 걸쳐 가장 뚜렷하게 나타나는 특징이었다. 돈과 시간이 남을 때 어디에 관심을 둘 것인가, 무엇을 소비할 것인가는 곧 라이프스타일로 이어진다. 최근 이런 부분을 겨냥해 집중적으로 파고들면서 크게 인기를 끌고 있는 제품이 바로 매일유업이 2018년 10월에 출시한 셀렉스다.

유가공 1위 제조업체 매일유업이 연구소의 역량을 집중해서 개발한 단백질 보충제 셀렉스는 성인이 섭취해야 할 단백질과 칼슘, 필수아미노산, 비타민D 등의 영양 성분을 크게 끌어올렸다. 뿐만 아니라 기존의 근육 키우는 맛없는 벌크업용 단백질 파우더에 비해 고소하고 맛있게 만들어 일반인들의 진입 장벽을 크게 낮췄다. 누구든 간식처럼 편하게 먹으면서 영양 균형을 맞출 수 있는 것이다.

매일유업이 셀렉스를 출시하면서 처음 겨냥한 1호 타깃은 자연스럽게 단백질과 칼슘이 빠지는 50대 이상 시니어층이었다. 우리 사회가 100세 시대에 접어들면서 그냥 오래 사는 것보다 건강을 유지하면서 삶의 질을 높이고자 하는 욕구가 눈에 띄게 증가하고 있다. 지금은 건강 정보와 관련해 수많은 연구와 논문이 공개되고 누구나 쉽게 찾아볼 수 있다. 이런 증상이 있고 이런 불편함이 있는데 어떻게 하면 근력을 키워서 통증을 해결할 수 있을까? 건강 장수를 위해 어떻게 하면 일상에서 미리 대비할 수 있을까? 병원에 가기보다는 스스로 진단하고 생활 속에서 문제를 해결할 방법을 찾는 시니어들이 늘어나고 있다.

수동적으로 약물과 의사 처방만 기다리는 노인들의 모습이 아니다. 자기 학습 능력을 백분 발휘하여 젊은이들 못지않게 꾸준히 현명하게 자신의 라이프스타일을 기획하고 준비하는 시니어층이 등장하고 있다. 매일 즐겨 먹는 고단백 멀티비타민 셀렉스는 이러한 시니어들의 라이프스타일을 겨냥해 TV 홈쇼핑 시간대를 공략하면서 거의 전회 매진을 기록하는 놀라운 실적을 올렸다. 셀렉스는 인터넷

쇼핑이 주요 유통 채널인데 가끔 자녀들이 부모님께 선물하기도 하지만, 시니어들 스스로 자기 건강을 위해 구입하는 경우가 많다.

2015년까지만 해도 단백질 보충제는 통틀어 150억 원 규모의 작은 시장이었지만, 2019년에 들어 500억 이상의 규모로 급성장했다. 얼마 전까지만 해도 개인 유통업자나 헬스 트레이너가 이름 모르는 해외 제품을 수입 유통해오던 작은 마니아 시장에서 대중화 시대가 열린 것이다. 셀렉스의 성공은 심각한 저출산 시대를 맞아 분유 시장이 줄어드는 상황에서 건강한 먹거리 연구를 발판으로 웰에이징의 카테고리를 선점하기 위한 새로운 라이프스타일 기획의 결과다.

요즘처럼 모든 정보와 가격이 오픈되어 있는 완전 경쟁 시장에서 새로운 수요를 개척하기는 어려운 일이다. 험난한 경쟁 환경에서 새로운 제품으로 시장을 돌파하려면 결국 사람들의 인식을 바꾸거나 아니면 사람들의 인식 변화를 민첩하게 예측하거나 둘 중 하나다. 사람들에게 없던 관심을 끌거나 새로운 인식을 창조하려면 라이프스타일 변화에 한 발 앞서 주목해야 한다. 자신의 삶을 건강하게 주도적으로 이끌면서 자연스럽게 나이 들어가는 것이 웰에이징이라고 한다면 적당한 운동과 영양 섭취는 그러한 라이프스타일의 출발점이다. 셀렉스는 단지 고령화 시대의 히트 상품이 아니라 자신의 몸을 아끼고 삶의 질을 높이는 데 꾸준히 관심을 가지는 라이프스타일의 변화를 상징한다.

테슬라는 차를 판매하는
비즈니스 모델이 아니다

테슬라(Tesla)는 2017년 한
국에서 처음으로 하남 스타필드 매장에 론칭했다. 인터넷 기사로만
보던 테슬라 자동차의 실제 모습(모델S)은 놀라웠다. 겉은 자동차 모
습이지만 바닥 전체가 배터리로 덩치 큰 스마트폰 같았다.

슈퍼차저(Supercharger)라는 고속 충전 장치로 20분 만에 400km
를 달릴 수 있는 에너지가 충전된다. 테슬라 고객에게는 충전 비용
도 무료다. 사전 주문이 수십만 대 밀려 있던 모델S(2016년 출시)는 약
4,000만 원이었다. 타사의 동급 자동차가 5,000만 원을 훌쩍 넘는

것에 비하면 가격도 파격적인 데다 전기차의 인터넷 사용료와 소프트웨어 업데이트도 무료다. 주행거리에 상관없이 핵심 부품에 문제가 생겨도 8년 품질 보증 프로그램을 제공하기 때문에 유지비도 거의 들지 않는다.

도대체 테슬라는 어떻게 돈을 벌까? 이렇게 따져보면 테슬라는 차를 팔아서 돈을 벌겠다는 자동차 회사의 비즈니스 모델이 아니다. 알면 알수록 테슬라는 놀라움의 연속이다. 지금까지 보지 못했던 완전히 다른 비즈니스 모델이다. 아이폰 이후로 처음 보는 파격적인 혁신 그 자체다. 이를테면 아이폰처럼 테슬라의 모든 자동차는 네트워크로 연결되어 있고 기본 소프트웨어가 무료로 업데이트된다. 애플리케이션과 콘텐츠 개발 지원 도구(API)를 제공해 서드파티(third party, 제3자)들이 참여할 수 있도록 공개함으로써 애플의 앱스토어처럼 새로운 수익 모델도 가능한 비즈니스다. 게다가 이동하는 차량들이 만들어내는 데이터를 기반으로 교통, 광고 등과 연계된 새로운 수익 모델로 얼마든지 확장해나갈 수 있다. 한마디로 도로를 달리는 스마트폰이다.

하지만 테슬라의 더 큰 비즈니스는 에너지다. 미국 전역에 설치된 슈퍼차저라는 전기 충전소가 테슬라 고객에게는 무료이지만 타사의 전기차에 적절한 비용을 부과한다면 차량 판매보다 훨씬 더 큰 수익을 확보할 수 있다. (한국에는 슈퍼차저가 2019년 현재 전국 22곳 설치) 실제로 2014년에 테슬라의 CEO 일론 머스크(Elon Musk)는 전기차 충전 속도를 높이는 슈퍼차저 기술의 특허를 풀었다. 테슬라 공

하남 스타필드에 오픈한 테슬라 매장

식 블로그에서 "우리의 특허는 모두의 것이고, 보다 나은 전기차 개발을 위한 오픈소스 정신으로 특허를 개방한다"고 이유를 밝혔다.

테슬라가 특허를 오픈한 이유는 전기차 충전 시스템의 전체 표준이 되기 위해서다. 이미 독일 자동차 제조업체 BMW와 테슬라가 공동 개발을 시작했고, 테슬라의 전략대로 전기차 충전 시스템의 표준을 장악할 수 있는 여건이 만들어지고 있다. 뿐만 아니라 가정용

슈퍼차저(위)와 미국 네바다주 기가팩토리(아래)
출처 : 테슬라 홈페이지

배터리 테슬라 파워월과 기업용 배터리 시스템 파워팩을 이용해 가정과 기업 내에서 태양열로 전기를 생산하는 자체 전력망을 구축할 수 있다. 각 가정과 기업을 전기 발전소로 만든다는 것이다. 환경 파괴의 주범인 화석 연료에 의존하고 있는 인류의 딜레마를 해결하는 데 큰 기여를 하는 셈이다.

이를 뒷받침하는 것이 전기차와 리튬이온 배터리 생산 공장인 기가팩토리(Giga Factory)다. 테슬라는 도요타, 파나소닉과 함께 수십억 달러를 투자해 미국과 중국에 기가팩토리를 건설했다. 전기차와 소프트웨어, 충전 시스템, 배터리 공장은 하나하나가 완결된 비즈니스이지만 서로 연결되면서 선순환 구조를 형성한다. 값싸고 유지비가 적게 드는 친환경 차량을 제공해 고객들의 문제를 해결하는 것이 출발점이지만 소프트웨어 개발 플랫폼이나 데이터 기반 비즈니스, 에너지 충전 수익으로 확장할 수 있다. 게다가 이 연결 네트워크의 규모가 커질수록 기가팩토리에서 생산되는 차량 가격은 점점 더 떨어지는 선순환 구조가 이루어진다.

운전자 없는 자율주행 시대,
차량이 바퀴 달린 휴대폰으로 변신하다

또한 테슬라는 2015년 오토파일럿(Auto Pilot)이라는 자율주행 시스템을 공식 출시했다. 완벽한 기능을 갖추려면 시간이 더 필요해 옵션별로 구분해놓기는 했지만 운전자가 없는 완전 자율주행 자동차를 목표로 하고 있다. 기술적 안정성 문제는 논란이 있지만 더 주목할 만한 것은 테슬라가 공개한 차량 공유 관련 계획이다. 자율주행 컴퓨터를 내장한 테슬라 차량을 소유한 사용자들은 자신의 차량을 사용하지 않는 동안에는 테슬라 공유 시스템에 등록하고 운행해서 벌어들인 수익을 테슬라와 자동차와 나누는 것이다. 공유는 앱을 통해 이뤄지고 사용자는 차량 모델을 선택할 수 있다.

일론 머스크는 자율주행 로보택시(Robotaxis)로 테슬라 차량 1대당 연간 약 3만 달러를 벌어들일 수 있을 것으로 예상했다. 테슬라 자율주행차를 구매해서 공유 시스템에 등록해 로보택시로 운영하면 최소 11년간 매년 3만 달러의 부가 수입을 벌어들인다는 것이다. 놀라움의 연속이다. 이렇게 되면 더 이상 우리가 알던 자동차 개념이 아니다. 자동차 제조업체에서 소비자로 소유권이 이전되는 판매 방식이 아닌 공유와 구독 서비스 모델로 재빨리 진화하는 것이다. 기술적인 진보도 놀랍지만 신문이나 잡지처럼 월 구독료를 지불하거나 사용하지 않는 시간 동안 공유해 수입을 벌어들이는 혁신적인 비즈니스 모델은 우리 사회를 어디까지 변화시킬까?

기존의 자동차 제조업과 부품 산업을 완전히 뒤흔들 뿐 아니라 차량 공유 서비스 우버나 쏘카, 전통적인 운수업과 운전기사들을 통째로 휩쓸 메가톤급 태풍이다. 이동 수단의 변화가 우리의 라이프스타일에 얼마나 많은 영향을 끼쳤는지는 익히 알고 있다. 산업혁명 당시 말과 마차를 대체했던 자동차가 이제 다시 급격한 변신을 꾀하고 있다. 이것은 물건을 소유하는 것보다 경험의 소비를 더 중시하고 지구 환경보호의 가치를 높이 사는 젊은 층의 라이프스타일과 맞물린다. 단순한 이동 수단의 변화를 넘어 미래 사회의 메가트렌드를 형성할 것이 분명하다.

진격의 테슬라에 자극받은 기존 글로벌 자동차 메이커들도 다달이 돈을 내는 구독 판매 방식(subscription)을 내놓고 있다. 2017년부터 미국에서 포드, 포르쉐, 볼보, 현대자동차 등 여러 글로벌 대형 자동차 메이커에서 월정액 자동차 구독 서비스를 내놓기 시작했다.

이용료에는 렌탈, 정비, 보험, 세금도 포함되며, 위약금 없이 언제든지 서비스 취소도 가능해 소비자의 편의성을 높였다. 현대자동차도 새롭게 선보인 하이브리드 자동차 아이오닉을 구입하지 않고 월 275달러에 이용할 수 있다. 마치 휴대전화 요금제와 비슷하다.

자동차의 복잡한 옵션과 컬러 선택에 고민하거나 자동차 영업사원의 전화에 시달릴 필요 없다. 가격과 모델만 선택하면 된다. 하지만 이런 차량 구독 서비스가 지속되려면 결국 자동차 메이커의 수익성과 소비자의 가격 만족도가 얼마나 적절하게 균형을 이룰 것인지가 관건이다.

제품경제 시대가 저물고, 구독경제 시대가 도래했다

구독경제(subscription economy)는 일정 금액을 지불하고 회원 가입을 하면 사용자가 원하는 상품이나 서비스를 공급자가 주기적으로 제공하는 신개념 유통 경제다. 해외에서는 이미 여러 분야에서 구독 서비스를 실시하고 있으며 국내에도 점차 다양한 영역으로 확산되고 있다. 음원이나 동영상 등의 디지털 콘텐츠뿐만 아니라 최근에는 책, 식재료, 맥주, 커피, 차(tea), 셔츠(의류), 미술 작품, 꽃 등 특정 취향이나 용도에 맞춰 반복 구매의 형태가 정기구독으로 이어진다. 단일 제품의 정기 배송 개념을 넘어서 전문적인 큐레이션으로 소비자의 취향과 기호에 맞는 디지털 서비스와 소비재를 정기적으로 공급하거나 대여하는 개념도 등장했다.

이런 경우 소비자의 구매나 행동 패턴을 데이터로 분석해 라이프스타일을 파악하는 것이 핵심 기술로 대두된다. 과거에는 인적·물적 자원을 조달해서 제품을 얼마나 효율적으로 대량생산하느냐가 경쟁의 핵심이었다. 그다음에는 유통 채널의 경쟁으로 이어지면서 어떻게 마진을 극대화할 수 있을까를 두고 마케팅과 광고를 펼쳤다. 이제 소비자의 경험과 행동 패턴, 라이프스타일이 모든 경제활동을 주도하는 핵심으로 부상하고 있다.

디지털 콘텐츠를 스트리밍하는 서비스는 이용자들의 취향과 기호가 핵심으로 작동하는 대표적인 구독 서비스다. 넷플릭스나 스포티파이(Spotify) 등은 온라인 저작권 침해 전쟁에서 승리했고, 누적되는 데이터, 기술적인 진보와 더불어 훨씬 더 신뢰할 수 있는 비즈니스 모델로 진화했다. "넷플릭스는 수익성이 없던 가입자가 수익성 있는 가입자로 전환하는 데 걸리는 시간을 정확하게 알고 있다."(《구독과 좋아요의 경제학》, 티엔 추오, 게이브 와이저트)

넷플릭스는 전 세계 유료 가입자가 1억 5,000만 명이고, 분기에만 50억 달러(5조 9,000억 원) 가까이 벌어들이고 있다. 비결은 데이터 분석 능력과 기술 혁신에 있다. 전 세계 가입자의 시청 습관을 수집하고 영화와 드라마에서 좋아하는 시청 패턴과 싫어하는 시청 패턴을 개별적으로 분석해 영상을 추천한다. 지역이나 나이와 같은 인구학적인 정보가 아니라 영상 사용 패턴에 맞는 취향을 분석하는 방식이다. 취향 분석에 따르면 미국의 20대와 일본의 50대가 같은 그룹으로 묶일 수 있다.

수천 개의 취향 그룹으로 이용자를 분류하는 동시에 콘텐츠의 타이틀 이미지도 이용자의 취향에 맞춰 보여준다. 공전의 히트작이었던 〈하우스 오브 카드〉(House Of Cards) 같은 오리지널 드라마(넷플릭스 자체 제작 드라마)는 제작 전부터 주연과 조연을 누구로 캐스팅할지 등에 대해 이용자들의 추천을 반영했다. 또한 이용자 만족도의 핵심인 동영상 화질에 지대한 영향을 미치는 스트리밍 속도를 위해 클라우드 서버를 AWS(아마존 웹 서비스)로 옮겨 해외 시장에 진출했다. 영상 송출이 끊기지 않도록 조정하는 상대적인 트래픽 분산 기술로 최적의 화질을 제공한다.

우리나라의 넷플릭스 가입자도 200만 명을 돌파해 안방을 차지하고 있던 동영상 유통업자들을 위협하고 있다. 불과 얼마 전까지만 해도 대부분의 사람들이 인터넷만 치면 널린 게 동영상인데 누가 돈 내고 보겠냐고 했다. 정기결제액이란 마치 헬스장 이용권을 끊고도 운동하러 가지 않아 낙전 수입에 의존하는 좀비 비즈니스 모델처럼 여겼다. 하지만 어느덧 신문이나 잡지 같은 오래되고 익숙한 월정액 모델이 고전을 면치 못하고, 금방 카피되고 무료 다운로드가 얼마든지 가능한 디지털 콘텐츠가 슬금슬금 구독료를 챙겨 가고 있다. 음원 시장도 그랬고, 동영상이 그랬고, 전자책이 소비자의 취향과 행동 패턴을 파고들면서 출퇴근 시간대, 저녁 시간대 등 일상을 점유하고 있다.

어느새 레코드 가게와 서점 등이 사라지고 우리의 일상을 차지하던 TV, 라디오, 신문, 잡지 등의 전통 미디어가 하루가 다르게 변하고 있다. 앞으로도 구독 서비스는 카드 할부금이 빠져나가듯이 다양한 분야에서 소비자들의 지갑을 공략할 것이다. 이런 변화는 모든 소비 영역, 모든 제품 분야에 파괴적인 변화를 가져다줄 것으로 예상된다.

구독 서비스는 단일 품목만 정기 구매하는 형태를 벗어나 나의 라이프스타일에 맞춰 큐레이션을 해주는 형태로 변모할 것이다. 내가 가만히 있어도 오프라인과 온라인의 접점에서 다양한 경험과 서비스를 추천해주는 것이다. 굳이 제품을 소유할 필요 없으니 기능이나 색상을 고민하지 않아도 되고 맞춤화된 경험만 선택하면 된다.

골드만삭스가 애플에
구독 서비스를 제안하다

골드만삭스의 애널리스트 시모나 잔코스키(Simona Jankouski)는 '애플 프라임' 월간 구독 서비스를 제안했다. 월 50달러를 내면 아이폰을 새로운 모델로 업그레이드해주고, 애플 TV, 애플 뮤직 등의 콘텐츠를 마음대로 즐길 수 있는 멤버십 구독 서비스다. 통신요금과 결합할 수도 있고, 아이폰뿐만 아니라 아이맥, 맥북 등으로 확장할 수도 있다. 사진 영상 편집 프로그램이나 게임 같은 소프트웨어 패키지를 따로 묶어도 된다.

애플이 신제품을 발표할 때마다 고가를 지불할지 말지 촉각을 곤두세우며 애를 태우는 전 세계 애플 충성 고객들은 월간 구독 서비스가 나온다면 쌍수 들고 환영할 것이다. 이들은 대부분 애플ID와 결제 카드를 자신의 계정에 등록했고, 현재 이들이 사용중인 애플 기기는 10억 대 이상이다. 아니나 다를까 2019년 3월 애플은 스페셜 이벤트를 열고 소프트웨어 로드맵을 발표했다. 월 구독제의 비디오 스트리밍 서비스(Apple TV Channels)와 오리지널 콘텐츠 제작(Apple TV+)을 비롯하여 강화된 결제 플랫폼(Apple Card), 게임 구독 서비스(Apple Arcade) 등을 내놓는다는 것이다.

애플 프라임처럼 전체를 묶는 구독 플랜은 아니지만 애플 스스로도 인정하듯이 하드웨어의 혁신은 이제 한계에 이르렀고 앞으로 콘텐츠와 서비스 플랫폼으로 변모해갈 것임을 예고한 것이다. 기기를 통해 록인(lock in)된 충성 고객들을 음악, 동영상, 게임 등으로 묶어두는 새로운 서비스 수익 모델로 확장하는 전략이다. 많은 사람들은 거실에서 TV를 보면서도 스마트폰, 태블릿 같은 모바일 기기에 시선을 빼앗기고 있다. 이미 20억 대의 iOS 기기를 시장에 출하한 애플이 이제야 미디어 콘텐츠에 관심을 가지는 것은 오히려 늦은 감이 있다. 하지만 애플 생태계에서 콘텐츠를 소비하고 이를 통해 새로운 기기 판매를 모색하는 콘텐츠 비즈니스 모델로 한 단계 더 성장할 수 있을 것이다.

테슬라나 애플처럼 가장 혁신적인 하드웨어를 시장에 내놓고 지각변동을 일으키던 플레이어들이 앞으로 달려가는 지향점이 월정액 구독 서비스 플랫폼이라는 점이 흥미롭다. 이제 우리는 애플 뮤직을 듣기 위해 7.99달러, 애플 TV 플러스를 보기 위해 4.99달러, 넷플릭스를 보기 위해 12.99달러, 디즈니 플러스를 보기 위해 6.99달러를 내고, 자동차를 얼마의 월정액으로 매달 바꿔 탈 것이다. 하나의 구독 플랜으로 묶이지 않는 서비스는 충전 금액을 넣으면 얼마의 할인을 제공한다는 식으로 우리를 유혹할 것이다. 매달 일정한 돈이 빠져나가는 것을 감수할 정도로 콘텐츠가 강력하지 않다면 미리 지불 금액을 많이 책정해놓을수록 할인을 많이 해주는 구조 또는 부분 유료로 유혹하는 요금제를 내놓을 것이다.

특정한 구독 서비스에 묶여서 록인(lock in)이 강화되는 시대에 어떤 기획력으로 라이프스타일을 큐레이션해야 소비자들의 구미를 당길 수 있을까? 구독형 소비는 이미 우리 눈앞에 성큼 다가와 있다.

"바쁠 텐데 왜 그렇게
걸어 다니나요?"

한동안 많이 걸었다. "하루 3만 보 이상 걷는다"는 《걷는 사람 하정우》를 쓴 배우 하정우만큼은 아니지만 웬만하면 걸어서 다녔다. 평일에 출근이나 업무 미팅을 갈 때는 지하철을 주로 이용하고, 퇴근할 때는 사무실(여의도)에서 집(목동)까지 걸어갔다. 광화문에서 저녁 약속이 있을 때도 끝나면 목동까지 걸어가곤 했다. 그리고 토요일마다 서울 시내를 다니며 걷기 여행을 했다. 때로는 걷기 모임에서 단체로 걷고, 때로는 혼자 걸었다. 페이스북이나 인스타그램에 사진을 올리자 처음에는 사

서울 시내 풍경 스케치

업이 너무 힘들어서 그런가 보다라는 반응을 보이는 사람들이 많았다.

　나름 고급 자동차를 몰고 다니다 갑자기 가방을 메고 걸어 다니니 오해할 만했다. 매주 토요일 아침 걷기 여행을 할 생각만 해도 즐거웠고, 걷는 것 자체가 좋았다. 하지만 어찌 보면 지인들의 반응도 맞는 말이었다. 사업으로 인한 스트레스를 해소할 탈출구가 필요했던 것 같다.

걷기는 생각하기와 밀접하게 연관된 행위다. 몸과 정신을 동시에 쓰면서 마음을 안정시키는 탁월한 효과가 있다. 좀 더 확대 해석하자면 걷기는 삶의 속도를 느리게 만들어 세상을 좀 더 자세히 바라볼 수 있는 최고의 선물이다. 우리는 고속 성장의 시대를 경주마처럼 질주하며 누가 더 높고 더 빨리 올라서느냐 하는 생존 게임을 벌였다. 과연 어느 정도 속도여야 행복한 삶을 살 수 있는지 근본적인 질문도 생략한 채 다들 쉬지 않고 달려왔다.

획일적인 삶의 속도에는 시간과의 경쟁, 남들과의 비교만 있다. 조금만 천천히 걸으면 낙오자로 비쳐지는 구조다. 정상과 비정상은 삶의 속도로 갈린다. 더 좋은 성적을 얻어서 더 좋은 학교와 직장에 들어가야 한다. 대개 남들이 결혼하는 시기에 시집 장가를 가서 늦지 않게 아이를 낳아야 한다. 조금이라도 늦으면 재수생, 삼수생, 노총각, 노처녀라는 딱지가 붙는다.

나도 조금씩 늦긴 했지만 겨우겨우 턱걸이로 속도를 맞췄고, 통상적인 기준에 맞춰 모범생처럼 살았다. 직장도 대기업에 턱걸이로 들어갔으나 몇 년 있다가 뛰쳐나와 당시로서는 조금 이른 나이에 사업을 시작했다. 남들보다 조금 빠른 속도로 살았고, 이로 인한 과중한 스트레스를 해소해보려고 걷기 시작했더니 시야가 조금씩 달라졌다. 빠르게 변하는 세상을 좀 더 자세히 되새김질해보고 싶었다.

차를 운전하고 다닐 때는 보이지 않던 것이 눈에 들어왔고, 걸을 때는 익히 아는 곳도 새롭게 보였다. 차로 이동할 때와 두 발로 걸으며 이동할 때는 삶의 속도도 다르고, 세상을 바라보는 삶의 철학도 확연히 달라졌다. 차를 운전할 때는 내가 원하는 시간에 원하는 곳으로 정확하고 빠르게 이동하는 것이 가장 중요했다. 지나치게 편리한 내비게이션은 이동 경로를 생각할 틈조차 빼앗아갔다. 오로지 전방 주시와 오디오만 선택할 수 있는 상황에서 목적지에 도착해 무엇을 처리할 것인가를 생각했다. 자동차의 이동 속도는 당연히 걷는 것보다 훨씬 빠른데도 운전 중 스마트폰을 검색하면서 막히지 않는 도로를 계속 찾아 다녔다. 스스로 조급증에 시달린 셈이다.

똑같은 경로를 이동해도 걸어서 지나가는 것과 자동차로 휙 지나가는 것은 확연히 다르다. 신체를 이용하느냐의 차이 외에도 오감을 통해 들어오는 정보 습득이나 생각의 양과 질에서 확연한 차이를 느낄 수 있다. 우리는 좀 더 다양하게 살면 안 될까? 내가 원하는 삶의 속도는 어느 정도인가?

라이프스타일이란 결국 개개인이 자신의 속도대로 빠르거나 또는 느릿느릿하거나 각자에 맞는 삶의 잉여 시간을 반복적으로 즐기는 것을 의미하는 것이 아닐까? 과연 모빌리티의 변화는 우리의 라이프스타일에 어떤 영향을 미칠까? 두 발로 이동하는 것, 바퀴로 이동하는 것, 이동 수단에 따라 삶을 대하는 태도가 달라진다는 것이 꽤 흥미로운 경험이었다.

서울로 7017

오래된 서울역 고가도로에
사람들이 몰렸다

끝없이 부수고 새로 짓고 하루가 다르게 새로운 건물이 들어서던 때가 있었다. 그것은 고속 성장의 상징과도 같았다. 부동산 수요가 넘치니 아파트나 사무용 빌딩이 새로 들어서기만 하면 돈을 벌던 시절이었다. 근대 역사가 담긴 장소도 개발 이익이 있다 싶으면 포크레인에 쓸려나갔고, 재개발 재건축 위주의 도시 정비 계획에 모두 촉각을 곤두세웠다. 하지만 저성장 시대가 도래하고 부동산 경기가 예전 같지 않자 언제부턴가(2010년대 초반) 도시 재생이란 말이 나오기 시작했다.

도시 재생이란 낡은 지역의 역사 문화를 훼손하지 않는 선에서 시설을 개보수하는 방식을 의미한다. 도시민의 삶과 지역 주민의 생태계를 무너뜨리지 않는 세심한 배려가 대두되면서 도시 재생은 곧 인문학적 라이프스타일 기획으로 연결되었다. 건축물뿐 아니라 마을 전체가 도시 재생의 대상이 되기도 했다. 지역을 관통하던 길과 도로도 도시 재생의 생태계에 포함되었다.

　한때 산업 근대화의 상징이자 교통난의 해결책으로 칭송받던 서울 시내 10여 개의 고가도로는 1990년대 들어서면서 어느 날 갑자기 도시 미관을 저해하는 흉물 취급을 당하며 철거의 대상이 되었다. 삶의 속도와 방식이 달라지면서 도시교통의 상징과도 같았던 고가도로의 기능이 한순간에 뒤바뀐 것이다. 서울역 고가도로는 마침 시작되던 도시 재생의 일환으로 서울로 7017이라는 이름으로 재탄생했다. 자동차를 실어 나르는 대신 두 발로 걷는 시민들에게 휴식을 제공하는 역할 체인지의 미션이 주어졌다. 남대문과 동대문 근방을 잇는 도로에 자동차보다 사람들이 많이 걸어 다니면 침체된 남대문 시장을 되살리는 효과도 기대할 수 있다.

　서울로 7017은 뉴욕의 하이라인 파크(High Line Park)처럼 만들고자 한 것이다. 뉴욕 맨해튼 도심을 가로지른 철도가 방치되어 철거만 기다리다가 주민들의 노력으로 삶의 휴식처로 되살아난 것이 하이라인 파크다. 세운상가 같은 건축물도, 경의선 같은 버려진 철로도 도시 재생에 따라 이색적인 문화 공간으로 되살아나고 있다. 걷고 싶은 라이프스타일의 변화로 인해 걷고 싶은 도시로 거듭나고 있

독일 프라이부르크의 트램　　　　　　　　　아우구스티나 광장
출처 : 독일 프라이부르크 홈페이지(freiburg.de/greencity)

는 셈이다.

　유럽에서는 이미 1990년대부터 파크 앤 라이드(park and ride)를 적용해 도심의 이동 수단을 강제적으로 바꾸고 있다. 도심에서 자동차 주행 속도를 30km 이내로 제한하거나 주차를 어렵게 만들어 아예 진입을 막는 방식을 도입하고 있다. 외곽 지역에 주차를 하고 도심 내 목적지까지는 걸어가거나 트램(tram)을 이용한다.

　독일 프라이부르크(Freiburg)는 교통 혼잡, 소음, 주차, 대기오염 문제를 해결하는 방법으로 도심 내 자동차 도로를 점진적으로 없애면서 녹색 교통의 중심지로 자리 잡았다. 자전거 전용도로와 대여 시스템을 운영하고 시내 중심부는 보행자 전용도로와 트램을 설치해 4개 노선으로 21만 명이 이용하며 이동 수단의 혁신을 이뤄냈다. 시의회, 기업, 시민들이 유기적으로 손잡고 협력하여 태양광 등 재생에너지에 집중 투자했다. 자원 재활용과 쓰레기 줄이기 등으로 대기오염을 현저히 줄이는 녹색 라이프스타일이 도시 곳곳을 살려냈다. 그 혁신의 중심에는 삶의 가치를 어디에 둘 것인가에 대한 사회적 합의가 있었다. 그리고 20%의 낮은 자동차 보유율, 걷기와 자전거, 트램 등의 친환경 이동 수단의 변화가 혁신을 이끌어냈다.

"마치 온 세상이
이동 중인 것처럼 보인다"

이동 수단은 이제 소유의 대상이 아니라 공유의 대상으로 바뀌고 있다. 해외에 우버나 리프트가 공유경제의 바람을 타고 운송 수단의 변화를 몰고 왔다면 국내에서도 전동 킥보드, 따릉이, 쏘카, 타다, 파파, 벤티, 차차밴 등 바퀴 달린 탈것들이 속속 등장하고 있다. 새로운 이동 수단의 급작스러운 등장은 기존의 유사 사업체들뿐만 아니라 개인 운송 수단 관련 현행 법규와도 필연적으로 충돌할 수밖에 없다. 이에 대한 논쟁과 갈등은 당분간 계속될 것으로 보인다.

기술의 발달 속도를 사회 관습과 제도가 못 따라가는 현상은 통상적으로 반복되어왔다. 특히 일상의 라이프스타일에 지대한 영향을 끼치는 새로운 이동 수단의 등장은 더욱 그러했다. 예컨대 근대에 말(마차), 철도, 자동차, 비행기가 등장하면서 라이프스타일과 사회구조가 근본적으로 바뀌었다. 이동이 자유로워지면서 시간과 공간의 개념이 완전히 다시 정립될 수밖에 없었다.

영국 랭커스터 대학교 사회학과 교수 존 어리(John Urry)는 《모빌리티(Mobilities)》(2014)에서 다양한 공간 규모에서 사람, 사물, 상품, 정보 등을 이동시키는 모빌리티 시스템을 역사적 발달 경로에 따라

전주 한옥마을에서 퍼스널 모빌리티(personal mobility) 세그웨이를 대여할 수 있다.

보행, 기차, 자동차, 비행기, 통신(커뮤니케이션) 5가지로 구분했다. 가장 기본적인 이동 방식인 걷기는 다른 생물과 구별되는 인간의 독특한 진화적 특징이다. 산업혁명과 더불어 최초의 기계화된 모빌리티 시스템으로 등장한 철도는 서로 모르는 사람들을 대규모로 집단 이동시켰다고 설명한다.

자동차는 "현대사회에서 가장 보편적이고 절대적인 모빌리티 시스템으로 등장했으며 공적이고 집단적인 시공간을 형성하는 기차와 달리 사적이고 개인적인 시공간을 허용하면서 완전히 새로운 형태의 이동성과 거주성을 만들어냈다"고 해석했다. 그는 자동차의 등장을 "단지 한 장소에서 다른 장소로 도달하기 위한 교통 시스템이 아니라 삶의 방식이다"라고 주장하면서 자동차로 인해 포장도로, 고속도로, 주차장, 주유소, 정비소, 휴게소, 모텔 등이 함께 등장해 도시 구조와 삶의 시스템이 연쇄적으로 변화했다고 한다.

자동차가 점점 더 확장되어 다른 이동 수단이 줄어들었고, 도시 공간을 자동차에 맞춤으로써 삶의 방식을 독점적으로 장악해왔다. 보통 도시 하나를 건설할 때 우선 주요 이동 수단에 맞춘 도로와 주요 건물, 시장, 거주지 등의 순서로 설계된다. 그런 점에서 주요 이동 수단이 무엇이냐는 전체 도시 구조에 지대한 영향을 미칠 수밖에 없었다. 19세기 기차부터 20세기 인터넷까지 모빌리티는 그 자체로 존재하지 않고 도로, 건물, 교통신호 등 다양한 정보와 결합하면서 확장되어온 것이다.

현대사회에서 가장 보편적이고 절대적인 모빌리티 시스템인 자동차는 앞으로 급격한 변화를 겪게 될 것이다. 이미 다양한 사회적, 환경적 문제를 유발하고 있는 자동차는 한편으로는 친환경 걷기 문화에 따라 도심 진입이 금지되기도 한다. 또 한편으로는 최근 첨단적인 진화를 거듭하는 모빌리티로서 자동차, 전장부품, 차량 공유 서비스, 인포테인먼트, 통신 네트워크 등을 중심으로 더욱 큰 발전을 하고 있다. 더구나 5G, 인공지능과 같은 미래 기술이 눈앞에 성큼 다가오면서 자동차를 비롯한 모빌리티 시스템으로 인해 우리의 라이프스타일은 급격한 변화를 맞이할 것이다.

테슬라는 오토파일럿(Auto Pilot)이라는 무인자율주행 전기차를 상용화하기 시작했다. 최근에는 전기 트럭에도 자율주행을 적용해 한 번 충전으로 800km를 달리는 사이버트럭(Cybertruck)을 선보여

테슬라에서 2019년 11월 출시한 자율주행 사이버트럭
출처 : 테슬라 홈페이지(tesla.com)

대형 마트 물류 운송 회사들의 주문이 잇따랐다. 자동차가 도로 위를 달리면서 수집하는 막대한 데이터는 모빌리티의 미래 기술과 결합되어 새로운 비즈니스 모델을 탄생시킬 것이다. 시간과 공간의 변화된 동선에 따라 이제껏 경험하지 못한 새로운 라이프스타일이 나타날 것이다.

어떻게 그 흐름을 읽고 그 동선에 배치되느냐에 따라 전혀 다른 사업이 전개될 것으로 보인다. 이동 수단의 변화는 연쇄적으로 삶의 시스템과 구조에도 큰 영향을 끼치므로 모빌리티 변화의 근본적인 흐름을 이해하는 일은 라이프스타일 기획에서 커다란 비중을 차지한다.

사용자에게 주는 편익이
압도적이면 세상을 뒤흔든다

새해 들어 친구들과 오랜만에 모임을 가졌다. 기자, 공무원, 사업가 등 서로 다른 분야에서 데스크, 국장, 사장 등 번듯한 직함을 달고 그럭저럭 버티며 사는 친구들이다. 가끔 생사 확인을 하며 세상 흘러가는 이야기로 수다를 떠는데 타다(TADA)와 택시 이야기가 나왔다. 타다 이야기가 술자리에서도 자주 회자되는 이유는 사회 곳곳에서 새로운 변화와 기존 질서가 충돌하는 지금의 시대를 상징하기 때문이다.

그 어느 때보다 변화에 대한 기대와 미래에 대한 불안감이 교차

188

하고 있다. 대개 새로운 혁신이 등장하면 그 정체가 뭔지부터 1차 논쟁이 벌어진다. 그다음에는 그것이 우리에게 어떤 혜택을 줄 것인지, 새로운 혁신의 위협에 맞서 기존 플레이어가 앞으로 어떻게 될 것인지로 논쟁이 흘러간다.

타다의 혁신은 대단한 그 무엇이 없다는 의견들이 많았지만, 사용자 편익이 정말 크다면 기존 사업자를 크게 위협할 것이라는 주장에는 모두 수긍한다. 타다를 사용해보지 않은 사람일수록 사용자 편익을 과소평가한다. 예컨대 쿠팡 또한 적자투성이고 불안정한 구석이 많지만 최악의 재무 상태에서도 망하지만 않는다면 값싸고 결제 편하고 배송이 빠른 장점이 워낙 강력해서 충분히 유통 강자의 지위를 유지할 것이라고 전망한다. 아슬아슬하게 줄타기를 하더라도 사용자 편익이 압도적이라면 무엇이든 시장 판도를 뒤흔들 수 있는 시대다.

저가의 가성비만으로는 일시적인 유행에 그칠 수밖에 없다. 가성비 혁신의 이면에 생산 물류 유통의 혁신이 뒷받침된다면 충분히 파괴적인 플레이어로 자리 잡을 수 있다. 거기에 사용자들의 생활 곳곳에 라이프스타일의 공감을 만들어내는 기획력까지 갖춘다면 바이럴 효과를 넘어서 팬덤 현상을 이끌어내는 브랜드로 성장할 수 있다. 앞으로는 어떤 분야의 어떤 라이프스타일이 우리 눈앞에 등장할까? 일본 출장에서 우연히 경험한 슈퍼호텔을 한번 살펴보자.

슈퍼호텔 정문 입구에
에코 퍼스트(Eco First)라고 적혀 있다.

스칸디아모스(위), 전면이 원목 문양으로 장식된
호텔 프런트(아래)

도쿄 긴자의
슈퍼호텔

　　　　　　　　　　여행이나 출장으로 타지에
서 숙박할 일이 있을 때 우리의 선택지는 예전보다 훨씬 다양하다. 도
쿄로 출장을 간다면 슈퍼호텔을 한번 검색해보자. 2019년에 별 기대
없이 따라나선 도쿄 출장에서 직원들이 예약한 이 호텔에 깊은 인상
을 받았다. 호텔에서 셀프 인증샷을 찍는 경우가 없는데 남자들끼리
숙소에서 인증샷을 담고 왔다. 작고 사소한 부분에서 흥미를 느끼며
즐거운 경험을 하고 온 셈이다.

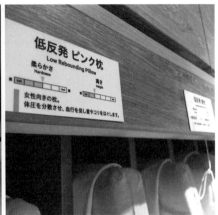

서점 책꽂이처럼 늘어선 베개 진열장　　　베개마다 높이와 딱딱한 정도를 표시해놓았다.

　　우선 호텔에 들어서면 입구부터 에코 퍼스트(Eco First)라는 영문이 초록초록한 스칸디아모스(scandia moss)를 배경으로 방문객을 맞이한다. 습기와 미세먼지를 빨아들인다는 천연 이끼 식물과 에코 퍼스트라는 문구가 참 잘 어울린다는 생각을 얼핏 하는 순간, 눈에 들어온 것은 커다란 원목의 나이테를 메인 비주얼로 꾸민 호텔 프런트였다. 내추럴(natural), 오가닉(organic), 스마트(smart), 한눈에 알아볼 수 있는 일관된 콘셉트였다. 여기까지는 그저 괜찮은 정도였다.

　　슈퍼호텔은 1998년 후쿠오카 1호점을 시작으로 현재 일본 전역에 129곳을 운영하고 있는 비즈니스 호텔이다. 가동률 90퍼센트, 재방문율 70퍼센트, 2년 연속 일본 호텔 고객 만족도 1위를 자랑한다. 그 이유를 호텔 입구 엘리베이터 옆에 서점 책꽂이처럼 늘어선 베개들을 보면서 하나씩 느끼기 시작했다.

1. 부드러운 폴리 재질의 베개

2. 밀 껍데기로 만든 약간 단단하지만 높이가 있는 베개

3. 높아서 호흡이 편해 코를 고는 사람에게 숙면 효과가 있는 베개

4. 적당한 높이의 저반발 베개

5. 여성들을 위한 혈류 촉진 베개

6. 저반발 소재로 약간 단단한 베개

7. 탈취 효과와 함께 통기성이 뛰어난 올리브 활성탄 베개

8. 히노키(편백나무) 베개

— 최한우, 《오모테나시, 접객의 비밀》,
〈6. 푹 못 주무셨으면 환불해 드립니다 : 슈퍼호텔〉

과연 일본의 고객 만족이란 이런 데서 오는 것인가 싶었다. 세밀하게 분류한 베개들을 보면서 경외감을 느꼈다. 자신에게 맞는 것을 선택할 수 있도록 베개의 강도와 재질, 높이, 향기 등을 막대그래프로 표시해놓았다. 그리고 베개와 함께 칫솔, 치약, 마스크팩 등을 비치해두었다. 1인당 제한된 수량이 있었고, 프런트에서 체크인하고 객실로 올라가는 동선에 놓아두었다. 객실에는 TV가 설치되어 있는데 힐링 음악 메뉴에 명상 음악과 자연의 소리가 다수 있어 뜻밖에 신선한 느낌을 받았다.

아침의 잠, 오후의 잠으로 나눠서 휴식과 수면을 취할 때 들으면 좋은 음향이었다. 5성급 특급 호텔에도 없는 섬세하고 감동적인 배려의 서비스다. 게다가 방에 비치된 아로마 룸스프레이를 방 안이

객실 내 TV 화면에서 눈에 띄는 힐링 음악 메뉴는
오감으로 분류되어 있다.

아로마 룸스프레이

나 외출복에 뿌리면 아로마 향기를 상큼하게 유지할 수 있다.

짧은 기간이지만 오감으로 편안한 휴식과 수면을 경험할 수 있었다. 과연 이 호텔 주인장이 고객에게 어떠한 라이프스타일을 제공하고자 하는지 곳곳에 설치된 일관된 힐링 장치들을 통해 알 수 있었다.

이 호텔을 예약한 일행이 슈퍼호텔은 천연 온천탕이 유명하다면서 강력 추천했다. 각 지점마다 조금씩 다른데, 우리가 묵은 곳은 남녀가 번갈아 다른 시간대에 이용하는 방식이었다. 최고의 리프레시를 위해 천연 온천탕을 제공하는 것이 슈퍼호텔의 콘셉트라고 한다. 하지만 실제로는 고객들이 천연 온천탕을 사용하면 객실에서 샤워기 사용을 줄여 수돗물을 절감하는 일거양득의 목적도 있다고 한다.

묵을 당시에는 몰랐는데 체크인을 할 때 룸키가 따로 없었다. 비밀번호가 적힌 영수증으로 객실을 출입했고 객실 내에 추가 정산할 만한 물품을 아예 비치하지 않아 퇴실할 때 따로 체크아웃을 할 필요가 없다. 이런 방식을 통해 호텔 측은 룸키를 내주는 출입 절차를 대폭 간소화해 심야 인건비를 절약했다. 비즈니스호텔이 하루 숙박에 5,000엔이면 충분히 매력적이다. 슈퍼호텔이 20년 만에 대형 호텔 체인으로 급성장한 배경 중 하나는 불필요한 요소들을 과감히 생략해 가격을 낮춘 것이다. 하지만 저렴한 가격만으로는 급성장의 비결을 모두 설명하지 못한다. 업무에 지친 비즈니스맨들에게 가격이 착한 데다 힐링의 휴식과 수면까지 섬세하게 배려해준다면 어떨까?

친환경적이고 건강한 힐링 라이프스타일에 집중한 비즈니스호텔. 극심한 불황의 시기였던 1990년대 말에 사업을 시작한 슈퍼호텔이 고객을 사로잡은 비결이다. 주 고객인 비즈니스맨은 객실 침대에서 대부분의 시간을 보낸다는 것에 착안해 모든 역량을 숙면과 리프레시에 집중한 결과다.

소음 수준을 도서관과 유사한 40데시벨(DB)로 유지하기 위해 문 틈으로 새어드는 소리와 빛을 차단했다. 실내 조명은 최적의 밝기로 조절하고 잠옷, 슬리퍼, 베개 등을 갖췄다. 호텔의 기본은 숙면이라는 것에 집중해 숙면연구소를 설립하고 과학적인 연구를 지속하고 있다. 가성비로 불황의 시대를 정면 돌파하고 오감을 자극하는 라이프스타일에 힐링과 숙면을 입혔다. 고객이 다시 방문하고 싶게 만드는 라이프스타일 호텔. 나를 알아봐 주고 섬세하게 배려하는 호텔을 다시 찾지 않을 수 없다.

인상 깊은 호텔에서 남자 셋은 마스크팩을 하고 철없이 인증샷 셀카 놀이에 정신이 팔렸다. 다시 일본 출장을 온다면 꼭 이 호텔에 묵자고 다짐하면서 말이다. 앞으로 우리는 어떤 공간에서 어떤 라이프스타일을 기획해야 할까?

4장

퍼스널
라이프스타일을
기획하라

LIFE STYLE

변화의 중심에 선 리테일, 지금 어떤 일이 일어나고 있는가?

**리테일은
어떻게 변하고 있는가?**

2019년이 저물어가는 시점에 유통업계에 구조조정 광풍이 분다는 기사가 떴다. 국내 유통업계를 대표하는 굴지의 대기업 롯데, 신세계, 현대그룹이 대표이사와 임원진을 대폭 물갈이하고 있다는 내용이다. 2019년 2분기에 창사 이래 첫 적자를 기록했던 신세계 이마트는 처음으로 외부의 젊은 인사를 대표이사로 영입했다. 그는 취임 20일 만에 전체 점포의 30%를 리뉴얼하고 비효율, 저효율 점포를 폐점하는 구조조정안을 발표했다. 신세계와 롯데도 연말 인사 이동을 통해 군살 빼기에 나서면서 유통

업계 구조조정의 신호탄이 되었다는 내용이다.

최근 해외 유통업계 동향을 살펴보면 2017년 세계 최대의 장난감 유통 전문 업체 토이저러스(Toysrus)가 파산했다. 2018년에는 100년이 넘는 역사를 가진 미국 최대의 백화점 체인 카슨스(Carson's)와 시어스(Sears)가 연이어 파산보호 신청을 했다. 이 밖에 미국의 다른 백화점 체인들도 줄줄이 수천 개의 점포를 줄이고 있다. 일본 백화점은 2019년에만 10개가 폐업 대기 상태라고 한다.

유통업계는 편의상 백화점, 대형 할인점, 편의점, 슈퍼마켓, 재래시장 등의 오프라인과 종합 쇼핑몰, 오픈마켓, 소셜 쇼핑, 카테고리 전문 쇼핑몰 등의 온라인, 그리고 홈쇼핑으로 불리는 T커머스로 나뉜다. 최근 복합 쇼핑몰, 기업형 할인점, 저가형 체인점 등 다양한 종류의 오프라인 점포들도 생겨나고 온라인과 오프라인의 결합도 이뤄지고 있어 그 경계가 모호하다. 해외뿐 아니라 국내에도 IT 시스템과 결합한 무인점포가 등장해 끊임없이 시장 테스트를 하고 있다.

집 앞까지 배송하는 라스트 마일(last mile) 경쟁 또한 치열하다. 특히 신선 제품의 물류 시스템(콜드 체인, cold chain)을 둘러싸고 새벽 배송 전쟁이 벌어지기도 한다. 이케아, 유니클로, 무인양품처럼 가성비와 가심비를 겸비한 해외 유통 브랜드는 점점 위력을 발휘하고 있다. 가성비 끝판왕인 생활 밀착형 전문 유통 체인 다이소도 국내 점포가 1,000개를 넘어섰다. 스타일난다와 같은 큐레이션 패션 스타트업의 몸값이 치솟고, 배송 전문 업체 배달의민족은 독일의 글로벌 1위 배송업체 딜리버리히어로(DH)에 인수되었다.

쿠팡은 온라인 쇼핑의 최저가 수준을 바닥까지 끌어내리고 동시에 제조업체의 공급단가를 후려치며 줄 세우기에 성공해 판을 평정했다. 하지만 1조 2,000억 원이 넘는 어마어마한 규모의 적자를 어떻게 메울까 하는 불안감은 시한폭탄처럼 몇 년째 꿈틀대고 있다. 쿠팡의 투자사로 손정의 회장이 이끄는 소프트뱅크의 실적 하락에 국내 유통업계뿐 아니라 물건을 공급하는 제조업체까지 촉각을 곤두세운다. 유통의 급격한 변화로 소비자들은 반사이익을 얻을 수 있지만 치킨 게임처럼 흘러가는 미래에 대한 불안감은 늘 잠재해 있다.

산업혁명 이후 대량생산 경쟁의 제조업 시대가 막을 내리고 지금은 국경 없는 무한 경쟁의 유통 시대로 들어선 지 오래다. 그 어느 때보다 급변하는 유통 환경의 변화 속에서 과연 기업과 개인은 어떻게 생존해야 할까? 골목마다 끊임없이 줄지어 늘어선 옷가게, 편의점, 할인 마트 그리고 주말이면 사람들이 몰리는 대형 쇼핑몰과 그 속에 자리한 멀티플렉스 영화관, 뷰티 가게, 액세서리, 패션 전문점들, 골목골목 어디서나 눈에 띄는 소상공인 공방들과 프랜차이즈 가게들. 우리는 단 하루도 '리테일(소매점)'에서 벗어나 살 수 없다. 리테일의 영역은 어디를 가든 마주치는 일상생활과 가장 밀착되어 있고, 우리 삶의 변화와 긴밀한 영향을 주고받는 현재와 미래의 산업 분야일 수밖에 없다.

소비자의 선택을 받기가
더 힘들어졌다

우선 변화의 요소와 원인들을 살펴보자. 먼저 확대일로에 있는 온라인 상거래를 꼽을 수 있다. 전 세계 공통으로 온라인 상거래 규모가 매년 큰 폭으로 커졌다. 스마트폰의 대중화로 '손 안의 시장'이라고 불리는 모바일 커머스는 특히 지난 10년 동안 급격하게 활성화되었다. 내가 운영하는 라이프스타일 편집숍 온라인몰도 95% 이상이 모바일 방문자다. 이 정도면 PC 기반의 쇼핑몰은 굳이 갖추지 않고 모바일 쇼핑만으로도 매출을 올리는 데 큰 지장이 없다.

쇼핑몰 유입 패턴을 확인해보면 흥미로운 점들이 몇 가지 발견된다. 구매 패턴이 일정한 시간대에 반복되지만 구매 행위가 예전에 비해 다양한 시간대와 장소, 지역, 연령대로 점점 더 넓게 분포되고 있다. 특정한 시간과 공간에 상관없는 모바일의 특성이 반영된 듯하다. 그리고 오프라인 매장보다 PC, PC보다 모바일 쇼핑의 목적이 더욱 뚜렷하다. 처음부터 구매를 목적으로 검색하고 철저히 가격 비교를 한 후 구매를 완료하고 빠져나간다. 아이쇼핑(eye shopping)을 하다가 옆에 있는 다른 제품을 충동구매하는 일이 거의 없다. 이 과정에서 구매 후기가 절대적인 영향을 미치고, 일부 할인 쿠폰이나 포인트 적용 여부만 추가된다. 특정 상품과 연관된 상품을 묶어서 배치해보았지만 소용없었다.

온라인 쇼핑몰 내에서는 대부분 구매 행위만 이뤄진다. 쇼핑몰에 들어오기 전에 이미 구매가 결정된다는 뜻이다. 판매업자의 입장에서는 인스타그램이나 페이스북 같은 SNS의 정보, 인플루언서또는 다른 오프라인 공간에서 취향 저격 경험이나 지인 추천 등을통해 후킹(hooking) 요소로 자극을 주고 해당 제품 정보에 관심을 가지게 해서 나의 쇼핑몰로 끌어들여야 한다. 그 브랜드를 알고 제품을 이해한 상태에서(이미 구매 결정을 거의 내린 상태) 쇼핑몰에 들어온다는 것은 소비자의 라이프스타일에 대해 훨씬 더 섬세하고 통찰력 있는 이해가 요구되는 지점이다. 어떻게 하면 소비자의 라이프스타일동선(시간과 공간)에 공감할 수 있는 메시지를 배치할까? 그 기획력이승부처로 작동한다.

비즈니스는 기승전 커머스,
마케팅은 기승전 라이프스타일 브랜딩

아무리 제품이 뛰어나도 브랜드를 모르면 아예 먹히지 않는다. 브랜드가 더욱 중요한 시대다. 브랜드를 알더라도 그 가격에 사야 할 합당한 이유를 제시하지 못하면가차 없이 돌아선다. 마케팅에서 차지하는 브랜드의 비중은 예전보다훨씬 더 커졌다. 그래서 콘셉팅이라는 말도 부상했다. 브랜드를 어떤이미지로 인지시키느냐가 중요하다. 착한 인물, 선한 기업의 스토리가 브랜드와 마케팅, 판매까지 일으키는 사례들을 생각하면 쉽게 이해할 수 있다.

마약베개 광고 이미지
출처 : 판매 몰 홈페이지(tmon.co.kr/deal/1794632210)

　검색 환경이 모바일, 음성인식, 인공지능으로 발전할수록 알려진 브랜드와 알려지지 않은 브랜드는 하늘과 땅 차이다. 사람들이 가성비를 면밀히 따지기도 하지만 가치 지향적인 소비 경향도 더 심해졌다고 볼 수 있다. 삶의 가치관과 스타일에 맞는 제품을 반복적으로 찾는다는 것이다. 단지 비슷한 카테고리를 한데 모아놓았다고 해서, 가성비 높은 물건과 구매 후기를 매력적으로 노출해놓았다고 해서 구매하지는 않는다. 한 번은 구매해도 재구매, 반복 구매로 이어지지 못한다.

　페이스북 광고로 120만 개 팔았다는 페북 대란템 마약베개 이후로 SNS 후기만 믿고 너도나도 지르는 2~3만 원대 충동구매는 후유

중만 남겼다. 단타로 치고 빠지는 저가형 제품을 계속 사다 보면 집 안에 예쁜 쓰레기만 굴러다닌다. 그래서 가성비로 일단 터트리고 빠르게 업셀링(up-selling)하려는 시도도 많아진다. 가령 최저가 레깅스로 유통망을 깔고 인지도를 높인 후 비싼 구스다운 패딩을 내놓는 전략이다. 초기에 자금을 쏟아부으면 가능하지만 전환 단계에서 콘텐츠가 받쳐주지 못하면 쉽지 않다.

여기서 콘텐츠란 스토리텔링된 삶의 철학과 내재된 가치관 등이다. 그게 없으면 소비자가 반복해서 라이프스타일의 하나로 동질감을 느끼지 못할 것이다. 또 하나 언급할 만한 것은 오프라인과 온라인의 경계가 허물어지는 현상이다. 오프라인 매장에서 제품을 확인하고 실제로는 모바일로 구매하는 쇼루밍(showrooming)도 일상이 되었다. 또는 모바일로 먼저 즉각적인 구매를 하고 제품과 연관된 라이프스타일을 맛보려고 오프라인 체험을 찾는 패턴도 늘고 있다.

요가 클래스에 왔다가 요가복을 구매하거나, 좋아하는 브랜드의 요가복을 구매했다가 그 브랜드의 초청 클래스에 참여하는 적극적인 경험이 반복된다. 이 과정에서 팬심이 작동하고 지인을 끌어들인다. 운동복을 판매하는 스포츠 브랜드가 운동 클래스를 열고 커뮤니티와 대회를 정기적으로 개최하는 것은 당연한 공식이 되었다. 오프라인이 온라인에 영향을 주고, 온라인 정보가 오프라인에 연결되어 경계가 모호해지는 크로스오버(cross over) 현상이 나타난다.

수많은 사례에서 보듯이 국내외를 막론하고 오프라인 유통업계는 심각한 위기를 맞이하고 있다. 온라인 유통업체들도 가성비를 내세운 치열한 시장 경쟁으로 수익성이 점차 악화되고 있다. 온라인과 오프라인 모두 미래에 대한 불안이 커지는 가운데, 새로운 성장 동력 확보가 절실하다. 리테일은 어떻게든 소비자의 시간과 경험을 점유하기 위해 공격적으로 나선다. 오프라인 리테일은 더욱 복합적인 경험을 제공할 수 있는 공간 확보에 막대한 투자를 하고, 취약한 온라인 인프라에도 적극적으로 투자해 경쟁 대열에 합류하려고 안간힘을 쓴다.

온라인은 사용자 경험과 데이터를 읽어내는 역량에 집중하면서 동시에 오프라인 물류 시스템에 투자금을 쏟고 있다. 온라인과 오프라인은 이제 그 경계를 허물며 상생하기 위한 새로운 방법을 찾고 있다. 오프라인 매장이 폐업하거나 파산하는 이유는 온라인 플랫폼의 확장과 소비자의 쇼핑 채널이 변했기 때문이 아니라 변화에 적응하지 못했기 때문이라는 것이 더 설득력 있게 들린다.

우리는
라이프스타일을 팝니다

이제 비즈니스를 기획하는 사람들은 매장이나 쇼핑몰에 방문한 고객들의 구매 행위를 분석하는 것보다 사람들의 라이프스타일을 면밀히 살펴봐야 한다. 내가 꾸민 공간에 들어온 고객이 자신의 라이프스타일을 상상하게 만들어야 한다. 예전에는 브랜드의 자원이 자본과 제품이었다면 지금은 고객이 가장 중요한 자원이다.

　고객은 자신이 상상하는 라이프스타일을 찾아 나선다. 이를 자기만의 공간에 구현하면서 삶의 가치를 다시 확인하려 한다. '이런 기능이 더 편리한 스피커다', '다른 쇼핑몰보다 더 빨리 배송해준다', '수입 제품의 최신상을 이곳에서 만나볼 수 있다', '한 번 구매하면 포인트 3,000점을 적립해준다.' 이러한 기능적 특장점이 차별화된 경쟁력이 되기란 쉽지 않다. 제품의 기능이 지금의 삶에 크게 중요하지 않기 때문이다.

　잉여의 시간에 라이프스타일을 찾아 나선 고객들은 화려하고 으리으리한 러셔리 빌딩 매장보다 골목길 구석진 곳에 있는 직은 매장에서 설렘을 주는 라이프스타일을 발견한다. 작은 가게나 공방, 편집숍의 진열대는 매장을 꾸미는 주인의 높은 안목을 반영한다. 그 안목은 주인의 취향, 삶을 대하는 태도와 가치관을 의미한다. 어떤 스타일로 연출한 공간에 놓여 있느냐에 따라 같은 물건이라도 설렘이 달라진다.

　제3의 공간을 상상하기도 한다. 집과 사무실을 벗어나 내가 좋아하는 음악과 커피 향, 적당한 백색소음이 있는 제3의 공간에서 편안한 시간을 보낼 수 있도록 연출한 곳이 스타벅스다. 남들이 좋은 커피와 고급스런 인테리어에 신경 쓸 때 스타벅스는 도심 공간에서 누구나 상상해보았을 라이프스타일을 꾸미는 데 집중했다. 이것은 불특정 다수의 취향을 겨냥하기보다 10명, 100명의 팬층만을 위한 퍼스널 라이프스타일 기획에 요긴한 접근 방식이다. 비록 소수의 팬이라도 나만의 라이프스타일이 확고하다면 생존할 수 있다.

　라이프스타일을 판다는 것은 무슨 의미일까?《셀렘을 팝니다》의 저자 신현암은 "'은은한 조명과 잔잔한 음악이 흐르는 멋진 공간에서 커피 한잔하며 깊이 있는 잡지를 읽는 멋진 나 자신, 자랑스러운 나 자신'을 만나게 해주는 것을 의미한다"고 설명한다. 그런 공간이라면 좀 더 비싼 커피값이라도 기꺼이 치른다. 그리고 그런 공간을 만들어보고 싶은 강렬한 욕구가 솟아나 자신의 집을 하나씩 꾸민다. 변화의 중심에 있는 리테일 산업은 이제 이런 고객을 상대해야 한다. 모든 유통 과정은 사람들의 삶의 방식과 연결된다. 이런 변화 속에서 고객의 상상력을 어떻게 자극하고 경험으로 연결할 수 있을 것인가 하는 라이프스타일 기획이 기업과 개인의 비즈니스 생존을 좌우할 것이다.

재택근무, 원격근무, 직장인들의 새로운 일상이 시작된다

코로나19가 전 세계를 휩쓸었다. 가뜩이나 저성장의 늪에 허덕이던 우리 사회에 엎친 데 덮친 격으로 크나큰 경제적 위협을 가하고 있다. 국가와 지역사회, 기업과 개인의 경제활동이 전례 없이 위축되고 있다. 살아생전에 이 정도의 경기 악화를 이렇게 짧은 기간에 한 번에 겪는 시기가 또 올까 싶을 정도다.

장기적인 사태로 이어질 것으로 예상하지만 코로나가 영원하지는 않을 것이다. 다만 이제껏 경험하지 못했던 새로운 일상이 펼쳐질 것으로 보인다. 앞으로 우리의 일과 삶은 어떻게 달라질까? 사람들은 어디에서 어떻게 시간을 소비하게 될까? 우선 직장을 중심으로 달라지는 일상의 변화를 살펴보자.

재택근무 강제 시행은 과연
우리에게 어떤 영향을 미칠까?

2004년 주 5일 근무에 이어 2019년 주 52시간 근무 시대를 맞이해 회사와 개인의 라이프스타일에 많은 변화가 생겼다. 최근에는 재택근무까지 강제 시행되면서 직장인들은 급격한 삶의 변화를 맞이했다. 집에서 화상 회의를 하는 것이 점차 익숙해질 것이다. 지금은 사업장 질병 확산을 예방하는 차원이지만 재택근무는 코로나 이후에도 장기적으로 지속될 것이라는 예측이다. 주5일제, 주52시간제, 재택근무로 이어지는 노동 시간과 장소의 변화는 우리에게 어떤 영향을 줄까?

먼저 재택근무자의 일상을 살펴보자. 물론 회사마다 조금씩 다르지만 기본적으로 직장과 동일한 근무 환경을 집 안에 갖추어야 한다. 각종 화상 회의 솔루션, 출퇴근 보고, 협업 툴이나 컨퍼런스 콜을 이용한 회의 등의 업무 인프라를 세팅하는 것은 그리 어렵지 않다. IT기술의 발달로 훌륭한 옵션들이 많이 나와 있다. 하지만 실제로 일을 할 때는 일하는 공간과 쉬는 공간을 완전히 분리하는 것이 가장 중요하다. 그다음에 스스로 시간과 공간을 통제하고 자신의 업무 습관을 설계할 수 있어야 한다. 이 점이 회사나 개인에게 가장 핵심적인 부분이다.

재택근무를 할 때 업무를 가장 방해하는 요소가 무엇인가 하는 질문에 일하는 시간과 쉬는 시간을 분리하기 힘들다는 대답이 많았다. 이를 극복하기 위해서는 집에 있더라도 회사일을 할 때는 외출복을 입었다가 일이 끝나면 편한 옷으로 바꿔 입고, 일하는 장소와 밥 먹는 장소를 구분하는 등 의식적으로 행동 양식을 구분하는 것이 좋다.

일하는 시간 동안은 집중력을 유지할 수 있도록 가족들에게 협조를 구해야 한다. 직장 동료들과도 비대면인 만큼 온라인상으로 더욱더 섬세한 커뮤니케이션을 자주 해야 하고, 더 명확한 업무 지시와 수행을 하면서 이를 공유해야 한다. 재택근무를 준비 없이 맞이하다 보니 초기에는 생산성 저하를 피할 수 없다. 하지만 새롭게 변화되는 업무 환경에 스마트하게 대처하는 역량을 키우는 회사와 개인은 한 걸음 앞서게 될 것이다.

재택근무 강제 시행 이전에도 원격근무, 유연근무가 시도되고 있었다. 일하는 공간이 꼭 회사여야 할 필요가 없지 않을까? 왜 우리는 매일 동일한 시간에 동일한 공간에 모여서 일을 해야 할까? 이런 관습에 대한 근본적인 의구심은 꽤 오랫동안 혁신적인 실험의 대상이었다.

기술의 발달로 언제 어디서나 소통이 가능하고, 직원들이 한 장소에 모일 필요성이 확실히 줄어들었다. 회사라는 공간에 대해 오랫동안 가지고 있던 암묵적인 고정관념은 이미 깨졌다. 회사가 평생직장이자 삶의 터전이라는 포괄적인 지위에서 이미 한두 단계 내려왔다. 이제는 사무실이 그저 일만 하는 임시 공간의 의미로 급속히 축소되었다. 재택근무, 원격근무, 유연근무는 탈공간, 비동기식 근무 방식을 가능하게 한다. 언제 어디서든 시간과 장소에 구애받지 않고 업무 지시와 수행을 하면 된다는 의미다.

새로운 밀레니얼 세대의 등장과 더불어 조직문화에 변화가 생겼다. 일과 개인의 삶은 뚜렷하게 분리되기 시작했고, 업무의 연장이라던 단체 회식도 없어졌다. 주말뿐만 아니라 평일 저녁 6시 이후 대부분의 삶의 공간이 철저히 개인의 공간으로 바뀌었다. '칼퇴근'이란 말조차 이제 우리나라에만 존재하는 낡은 관습이 되었다. 물론 모두 다 그런 것은 아니겠지만 최소한 20~30대의 젊은 세대들에게 회사의 존재 가치가 예전과 완전히 달라진 것은 분명해 보인다.

젊은 세대는 잉여의 시간을 소비하기 위해
새로운 공동체를 찾아 나선다

재택근무를 실시하는 회사가 급속하게 늘고 있다. 좋다 싫다가 아니라 어떻게든 효율적인 방법을 찾아야 하는 근무 형태로 자리 잡게 될 것이다. 이번 강제적인 재택근무 경험이 코로나 이후에도 장기적으로 상당한 영향을 끼칠 가능성이 크다. 꼭 집이 아니더라도 시간과 장소에 구애받지 않는 원격근무, 유연근무가 지속될 것으로 보인다. 적게는 1~2시간, 많게는 3시간 이상 출퇴근에 소비하는 시간이 줄어드는 것만으로도 일상생활에서 많은 변화를 예고한다.

주 5일 근무가 모처럼 주말의 여유와 불금의 문화를 몰고 왔고, 주52시간제도는 퇴근길 원데이클래스 붐을 일으켰다. 일터를 떠나

직장인 원데이클래스 열풍
출처 : 연합뉴스(yna.co.kr/view/AKR20190806077400797)

소비하는 잉여의 시간이 우리의 일상을 느리지만 큰 폭으로 변화시켰다. 비마인드풀도 주말마다 요가명상, 아로마, 차 원데이클래스를 연다. 수업료가 3만~4만 원인데 주말은 물론 평일 저녁에도 네이버 예약을 하는 신청자들이 많다.

불금은 주말을 앞둔 해방감을 만끽하기 위한 것이라고 하지만, 평일에도 원데이클래스를 찾는 이유는 뭘까? 원데이클래스의 인기는 단지 휴식과 여유를 떠나 새로운 경험을 적극적으로 탐색하는 것이다. 자신이 속한 공동체(집, 회사) 외에 또 다른 준거집단을 찾아 나선다. 현재의 공동체에서 철저히 벗어나 새롭게 열광할 수 있는 쿨하고 트렌디한 취향을 찾는 것이다.

그곳에서 현재와 미래에 대한 막연한 불안감을 일시적으로 해소하고 싶어 한다. 자신이 좋아하는 분야를 경험하면서 스트레스를 해소하고 미래의 자기 모습을 상상한다. 자신의 취향과 가치관이 묻어나는 공간, 제품, 활동, 사람들을 만나서 공감하고 열광한다. 그리고 안심한다. 변화무쌍한 지금 이 시대에 혼자 망망대해에 고립되어 있거나 엉뚱한 길에서 헤매고 있는 것이 아니라는 위안을 얻는다.

기성세대의 퇴근 시간은 변했지만, 용돈은 변하지 않았다

퇴근 시간이 되면 젊은 직장인들은 바쁘다. 직장을 철저히 떼어내고 남는 시간에 자신의 워라밸을 찾아 나서는 밀레니얼 세대의 애프터 식스(after 6 o'clock) 라이프. 이에 비하면 40~50대는 워라밸은커녕 여전히 직장인의 삶에서 벗어나지 못하고 있다. 야근하는 업무 루틴에 빠져 회사충으로 지탄받거나 일찍 퇴근해 가정에 충실히 복귀하고서도 요즘 애들은 너무 다르다며 탄식할 뿐이다. 야근과 회식에서 해방되었으나 잉여의 시간을 어떻게 소비해야 할지 모르는 것이다.

퇴근 시간은 앞당겨졌지만 하루에 쓸 수 있는 용돈은 변하지 않았다는 현실적인 이유도 있다. 시간은 남는데 돈도 없고 갈 데도 없다. 구매력이 있다고는 하지만 우선적으로 자녀를 위해 쓴다. 기성세대는 잉여의 시간에 자신을 위해 아낌없이 쓸 정도로 여유가 없다. 소소한 온라인 쇼핑은 가끔 즐기지만 자녀를 대학에 보내기 전까지는 절제할 수밖에 없다.

중년층을 위한 커뮤니티 반서재
출처 : 경험 공유 클래스 쉐어러스 홈페이지

시간과 공간이 자유로운 원격근무 시대가 본격화되면 앞으로 이들은 어떻게 변하고 어디로 움직일까? 불금에도 원데이클래스에 끼어들기 애매하다. 지금 와서 새로운 취미나 소일거리, 더블잡을 만들기도 고민스럽다.

이들을 겨냥한 서비스도 새롭게 등장하고 있다. 반서재(Anti-library)는 40~80세대를 위한 라이프스타일 플랫폼을 표방한다. 반서재란 사놓고 읽지 않는 책을 보관하는 곳이자 모르는 것을 쌓아놓는 공간을 의미한다. 움베르토 에코가 지적한 반서재는 무지에 대한 자각으로 아직 읽히지 않고 잠재되어 있는 무한한 가능성을 의미한다. 예비 시니어 세대는 아직 잠재력이 충분하다는 슬로건을 표방한 브랜드 네이밍이다.

최근 인스타그램과 페이스북 광고에서 반짝 등장한 반서재는 교보북클럽을 중심으로 다양한 문화 활동, 공연예술 관람, 몸과 마음의 균형을 위한 클래스 등 다양한 액티비티로 유인하는 멤버십 서비스다. 한 달에 4~5만 원으로 4개월 시즌 멤버십을 운영한다. 어떻게 보면 유료 독서모임 커뮤니티 트레바리의 중장년층 버전이다.

주52시간제도 시행 이후 지난 1년 동안은 아직 4050세대의 일상을 바꿔놓지 못했다. 얼마나 활성화될지는 미지수이지만 이들을 겨냥한 새로운 커뮤니티의 실험에 귀추가 주목된다. 코로나로 인해 집단 모임이 예전 같지 않을 수도 있다. 하지만 달라진 시간과 공간을 어떻게 소비하고 싶은가 하는 욕구가 새로운 라이프스타일을 만들어낼 것이다.

사람들이 낯선 공간에서 찾고자 하는 것은 침해받지 않는 나만을 위한 공간이다. 라이프스타일을 기획하고 싶은 사람이라면 코로나가 휩쓸고 가는 광풍 속에 경기가 위축될수록 더욱더 온라인과 오프라인에서 소비자가 보내오는 신호에 집중하고 자신의 감각을 극도로 예민하게 다듬어야 한다. 라이프스타일을 둘러싼 마케팅 경쟁은 코로나 이후 더욱 섬세해지고 더욱 치열해지지 않을까?

디지털 플랫폼이 개인 삶의 핵심 공간으로 부상한다

2020년 3월 11일 세계보건기구(WHO)는 코로나19 바이러스에 대한 팬데믹(Pandemic, 세계적 대유행)을 선언했다. 미국의 시사 잡지 〈더 애틀랜틱(The Atlantic)〉의 과학전문기자 에드 용(Ed Yong)은 코로나19 이후에 태어날 세대를 아예 'C세대(Generation C)'로 불러야 할 만큼 세상이 크게 변할 것으로 예측했다. 그는 이미 2018년에 이런 팬데믹을 예고해 화제를 불러일으켰던 인물이다. 앞으로 펼쳐질 코로나19 이후의 일상은 어떤 모습일까? 어떻게 준비해야 할까?

모든 일상이 일시에 멈춘
새로운 삶의 방식

처음에는 뉴스에서 코로나 19의 소식이 아무리 쏟아져도 그리 실감나지 않았다. 중국 우한에서 시작된 코로나19가 차츰 전 세계로 확산되고, 해외에서 사망자가 급격히 늘어난다는 소식이 들려도 공포감을 줄지언정 나의 일상에 영향을 주지는 못했다.

하지만 사회적 거리를 유지하는 언택트(untact) 생활이 시작되고 기업들의 재택근무와 더불어 아이들의 개학까지 연기되면서 일상이 달라지기 시작했다. 게다가 매일 날씨처럼 전해오던 프로 스포츠 소식도 사라졌다. SF영화처럼 모든 일상이 일시에 멈췄다.

얼마나 지속될까? 미국 MIT에서 발행하는 과학기술분석 잡지 〈테크놀로지 리뷰(Technology Review)〉는 "이 사태는 일시적인 일상의 중단이 아니다. 완전히 새로운 삶의 방식의 시작이다"라고 했다. 대표적인 예로 격리경제(shut-in economy)를 들었다. 집에서 나가지 않고 소비하는 생활이 지속되면서 완전히 다른 사회가 탄생할 수 있다는 것이다. 코로나19 바이러스를 종식시키기 위해서는 일하는 것, 운동하는 것, 사회관계 맺는 것, 건강 관리, 아이들 교육, 가족을 돌보는 방식까지 포함해서 거의 모든 행위를 급진적으로 바꿔야 할 것이라고 예측한다.

'사회적 거리 두기'로 인해 일주일에 4회 가지던 친구들과의 만남이 1회로 줄었다. '집콕' 생활이 지속되면서 홈트레이닝 용품이 많이

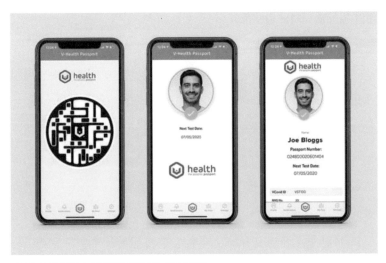

영국의 VST엔터프라이즈에서 개발 중인 V헬스 여권 시스템
출처 : 한국경제신문(hankyung.com/international/article/202005265879i)

팔리고 온라인으로 학습하는 격리된 라이프스타일(shut-in lifestyle)이
이어졌다. 하지만 이런 모습은 장기적으로 지속되지 않았다. 사람
들이 덜 붐비는 시간대로 피트니스 운동을 예약한다든지 극장이나
미팅룸은 간격을 띄어서 좌석을 배치하는 것에 익숙해졌다. 이른바
'생활 속 거리 두기' 시대다.

사전에 확진자의 동선이나 접촉 공간를 알려주거나 대형 건물이
나 교통 허브 출입 요건을 엄격하게 강화하는 등의 변화가 생길 수
있다. 열감지기를 곳곳에 배치하거나 아예 컴퓨터 모니터로 체온이
나 생체 신호 접근 권한을 요구할 수도 있다. 면역 여권, 디지털 건
강권, 건강 여권 시스템 등 면역 요건을 입증하기 위한 신분증이 따
로 생길 수 있다.

개인 일상에 디지털 플랫폼이
핵심 공간으로 부상한다

　　　　　　　　　　격리된 라이프스타일에서
가장 빨리 체험하는 것은 정보의 유통이다. 필터링되지 않은 가짜 뉴
스, 허위 정보가 바이러스보다 더 빠르게 퍼진다. 당장에 인포데믹스
(infodemics)란 합성어가 다시 등장했다. 정보를 뜻하는 인포메이션
(information)과 전염병을 뜻하는 에피데믹스(epidemics)를 합친 말로
'정보전염병'을 의미한다.

　2004년 한국에서 조류독감이 유행할 때 달걀을 먹어도 걸린다는
식의 근거 없는 소문 때문에 관련 업계가 막대한 손해를 입었다. 이
번에도 일부 교회에서 코로나 예방을 할 수 있다며 소금물을 입속에
뿌리는 어처구니없는 일이 벌어지기도 했다. 이런 출처 불분명한
가짜 정보의 범람은 곧바로 우리 사회의 신뢰 자본을 약화한다.

　신뢰할 수 있는 정보 생산자의 역할과 비중이 더 커지겠지만 즉
각적으로 생산되는 정보일수록 전문가들뿐만 아니라 일반인들도
팩트 체크가 중요하다. 포털의 실시간 검색어 순위나 인기 해시태
그의 신뢰성 여부는 계속 이슈가 될 것이다.

　또한 코로나가 확산될수록 주식이 오르는 곳도 있다. 직접적인
관련이 있는 의료, 바이오 분야를 제외하면 디지털 플랫폼 회사로
구글, 애플, 페이스북, 마이크로소프트, 아마존, 줌(zoom) 등이다. 협
업 플랫폼 팀즈(Teams, 마이크로소프트)와 화상 회의 솔루션 줌(Zoom)
은 대부분의 기업들에서 업무 수단이 되었고, 온라인 쇼핑의 맹주

격인 아마존은 최근 창고 관리 직원을 10만 명 추가 채용했다. 구글과 페이스북은 사용자와 사용 시간이 증가하고, 플랫폼에 남기는 개인 위치 정보는 질병 확산에 긴급 대응하는 정부 정책에도 반영될 정도로 영향력이 더욱 커지고 있다.

디지털 플랫폼이 삶의 핵심 공간 역할을 하는 현상이 급속히 심화될 것임을 보여준다. 이번 코로나 사태로 인해 빅브라더가 우리의 삶을 통제할지도 모른다는 경고도 나오고 있다. 양날의 검처럼 작동하는 셈이다. 디지털 라이프로 발생하는 정보 데이터는 우리에게 명확한 통찰력을 주는 동시에 허위성 불안감과 통제력 상실의 리스크도 함께 던진다.

자신만의 삶의 방식을 보여주는
인플루언서가 롤모델이 된다

최근 인스타그램에서 '좋아요'의 숫자를 표시하지 않는 테스트를 적용했다. F8(페이스북 개발자 중심 연례 컨퍼런스)에서 마크 저커버그는 게시물에 달리는 '좋아요'의 숫자보다 콘텐츠의 내용에 더 집중해달라는 의미라고 설명했다.

'좋아요'의 숫자는 공식적인 성과 지표는 아니지만 항상 주목을 끄는 요소였다. 과연 이 숫자가 사라지면 어떤 변화가 생길까? 자극적이고 경쟁적인 콘텐츠로 눈길을 사로잡는 인증샷 위주의 열기가 식고 다른 형태의 콘텐츠를 고민하지 않을까?

인스타그램에서 조명기구에 대한 유례없는 관심을 불러일으킨 루이스폴센

그동안은 무엇을 샀다, 어디를 갔다, 맛있는 걸 먹었다는 인증샷을 올리는 소비적인 라이프스타일이 공감과 '좋아요'를 유도했는데, 이후에는 다소 주춤하는 셈이다. SNS 콘텐츠는 결국 개인의 사생활을 보여주는 것인데, 앞으로는 어떤 모습을 매력 포인트로 내세울까?

라이프스타일의 단계로 봤을 때 초기에는 소비적인 삶의 형태가 사람들의 흥미를 끈다. 이 단계가 오랜 시간 쌓이면 '나는 이런 라이프스타일을 사는 사람'이라는 가치관과 철학을 보여주는 형태로 발전한다. 포스트 코로나로 달라진 일상에서 더더욱 사적인 공간과 밀접하게 연결될 것으로 보인다.

위축된 경제활동과 제약 속에서 어떻게 나만의 라이프스타일을 구축해 삶의 철학을 지켜나갈 수 있을지 주목을 끌 것이다. 인스타그램에서도 '#집콕중 #stayhome' 해시태그를 달면 스토리 영상으로 모아서 자동으로 계속 노출해준다. '나는 방콕하면서 우울한데 인스타그램을 보니 저런 식으로 멋지게 시간을 보낼 수도 있네?'라고 코로나 일상을 유도한다.

과거와 달리 점점 자신만의 삶의 기준과 철학, 가치관을 보여주는 진정한 의미의 라이프스타일 인플루언서들이 더욱 각광받을 것이다. 오랜 기간 실제 그런 삶이 누적되면서 새로운 커리어를 만들고 롤모델로서 영향력을 끼치는 매크로 인플루언서가 더욱 다양한 분야에서 등장할 것으로 보인다.

'#집스타그램', '#홈인테리어', '#홈스타일링' 해시태그가 붙은 영상에서 가장 많이 나오는 장면은 홈카페다. 루이스폴센 조명기구, 발뮤다 토스트기, 에스프레소 머신, 차 한잔의 여유를 찾는 다구 세트, 아로마 향으로 꾸민 홈카페는 바깥의 웰니스 힐링 공간을 그대로 내 집에 옮겨 온 것이다.

코로나의 영향으로 많은 사람들이 자신의 공간을 어떻게 다시 꾸며야 할지, 나의 라이프스타일을 어떻게 새롭게 설계할지에 대해 아이디어를 생각하고 하나씩 시도해보고 있다. 그들이 적극적으로 보내오는 신호를 온라인과 오프라인 구분 없이 통찰력 있게 흡수하는 라이프스타일 기획만이 포스트 코로나 시대에도 계속 살아남을 것이다.

무한 확장하는 라이프스타일 플랫폼, 유튜브에 참여하라

2019년 여의도 광장, 청년의 날 야외 페스티벌 행사에서 특이한 광경을 보았다. 퀴즈 경품 당첨, 이벤트 선물 증정 행사를 진행하는 중앙 부스 앞에는 열댓 명씩 줄을 선 반면, 뒤편 부스에는 인파가 구름같이 몰렸다. 10~20대 심지어 30~40대까지 인산인해를 이룬 부스들은 공통점이 있었다. 유명 유튜버 크리에이터들을 초청해 팬 사인회와 포토타임을 가진 것이다.

요즘 기업 마케팅 행사나 공공기관들은 제품이나 서비스 홍보를 위해 앞다퉈 유튜버들을 대동한다. 젊은 층을 끌어들이는 데는 웬만한 연예인보다 유튜버들이 효과 만점이다. 기성세대에게는 생소하지만 아침 일찍부터 줄을 설 정도로 팬들의 반응은 열광적이다.

게임, 먹방, 뷰티뿐만 아니라 취향별로 다양한 분야에서 소소한 일상 위주의 브이로그(V-log, 비디오와 블로그를 합친 말로 영상으로 기록하는 일상이라는 의미)만으로 인기를 끄는 유튜버들도 점점 늘어나고 있다. 유튜브가 우리의 일상 속으로 점점 파고들고 있는 셈이다. 라이프스타일을 기획하는 사람이라면 사람들이 몰려드는 유튜브 채널을 그냥 지나칠 수 없다.

누구나 유튜브를 시청하고,
누구나 유튜브로 뛰어드는 시대

유튜브가 가져올 변화가 얼마나 혁명적인지부터 유튜브 따라 하기까지 유튜브 관련 책들이 쏟아져 나오고 있다. 과거 인터넷 혁명기에 모바일 혁명부터 홈페이지 무작정 따라 하기나 모바일 앱 만들기까지 이어졌던 열풍과 유사하다. 서점 한쪽 코너에는 유튜브 장비를 기본 패키지로 판매하는데, 관심을 가지는 사람들도 어린이부터 노인층까지 다양하다. 카메라와 마이크, 조명기구, 컴퓨터 편집 장비와 소프트웨어도 호황을 이루고 있다.

온라인에는 각종 촬영법과 편집 도구 사용법에 대한 무료(또는 유료) 교육과정이 널려 있다. 돈이 된다고 하니 아이들 대상의 유튜버 양성 과정도 개설되었다. 간단한 동영상 만들기 정도는 누구나 따라 할 수 있다.

구독자가 40만 명이 넘는 '비됴클래스'를 비롯해 '단호박', '아방스', '편집하는 여자' 같은 영상 전문 유튜버들은 과거의 콘텐츠까지 조회 수가 점점 늘어나고 있다. 이렇게 유튜브에 뛰어드는 사람도 많지만 이들을 대상으로 사용법을 가르치고, 장비와 재료를 판매하는 분야도 덩달아 커지고 있다. 손 많이 간다는 동영상 제작을 누구나 배워서 올릴 수 있는 전 국민 영상 편집 시대가 도래했다. 이는 곧 노하우 공유, 제작, 시청, 학습으로 이어지는 순환 구조가 유기적으로 연결되는 생태계를 의미한다.

유튜브는 직업관까지 바꾸고 있다. 대기업 사원이었다가 최고 인기 유튜버로 변신한 '대도서관'도 자전적인 책 《유튜브의 신, 대도서관》을 내놓았다. 직장에 다니면서 주말에 이틀만 투자해 나만의 콘텐츠를 가지고 1인 미디어로 성공하는 길을 안내하는 내용이다. 유튜브에 대한 내용이라기보다 새로운 직업을 소개하는 내용에 가깝다. 유튜브가 단순한 미디어 플랫폼을 넘어서 새로운 직업군을 형성하는 수준까지 확장되고 있음을 알 수 있다.

유튜브와 팟캐스트 등 디지털 미디어 플랫폼이 등장하기 시작하면서 1인 미디어 시대가 도래했고, 이는 곧 본격적인 'N잡러'의 등장으로 이어졌다. 'N잡러'는 현재 직장에 만족하지 못하고 본업 외에 2개 이상의 직업을 가지고 개인적인 자아실현을 추구하며 사는 직장인들을 일컫는다.

최근 젊은 직장인들은 새로운 판을 깔아준 유튜브 문턱에서 너도나도 기웃거리고 있다. 특별한 나만의 덕후 기질이 있으면 좋겠지만 없더라도 손쉽게 직장인 브이로그부터 시작해볼 수 있다. 자

유튜버를 꿈꾸는 사람들
출처 : 사람인 기업연구소 홈페이지
(saramin.co.kr/zf_user/help/live/view?idx=101500&listType=news)

기표현 욕구가 강한 데다 '구독자 1,000명 누적, 시청 시간 4,000시간'을 달성하면 광고 시간을 배분해주기 때문에 미래의 부업거리가 될 수도 있지 않을까 하는 기대감을 가진다.

구인구직 사이트 사람인이 2019년 10월 3,543명의 성인을 대상으로 설문조사를 한 결과, 전체 응답자의 63%(2,233명)가 "유튜버에 도전할 의향이 있다"고 답했다. 올초에 삼성전자는 직원들이 지켜야 할 소셜미디어(SNS) 규칙을 담은 소셜미디어 가이드라인을 수정했다. 유튜브 브이로그의 열풍으로 직장의 내부 모습이 새어 나가는 것을 마냥 방치할 수만은 없었기 때문이다.

정보의 생산 유통이 다변화하면서 가뜩이나 사내외 커뮤니케이션을 관리하기가 어려운데 영상으로 여과 없이 회사 생활이 노출되는 것은 여간 골치 아픈 일이 아니다. 칼퇴근, 주 52시간 근무로 사적인 시간과 영역이 넓어지면서 조직보다 개인을 중시하는 가치관을 통제하기란 현실적으로 불가능하다.

현실적으로는 '일주일에 1~2회씩, 1~2년간 꾸준히 업로드'라는 '유튜버 성공 방정식'을 아무리 지켜도 지금의 유튜브에서 성공하기란 하늘에 별 따기보다 어렵다고 한다.

그럼에도 불구하고 과연 무엇이 사람들을 끌어모으는 것일까? 사람들은 왜 만들기도 번거로운 영상물을 자발적으로 열심히 올리는 걸까?

관심사와 일상이 개인의 관점에서 재편집되고, 신뢰의 중심이 이동한다

"재작년에는 유튜브를 하고 싶다고 말하는 사람들이 참 많았다. 작년에는 유튜브를 해야겠다고 말하는 사람들이 그렇게 많았다. 올해는 유튜브를 했어야 했다고 말하는 사람들이 정말 많지 않을까 싶다. '콘텐츠가 미래다'라는 말은 틀렸다. 콘텐츠는 현재이기 때문이다."

《유튜브 지금 시작하시나요?》에서 이시한 저자는 글머리에 위와 같이 언급했다. 그도 역시 〈시한책방〉이라는 책 리뷰를 콘텐츠로 하는 유튜브 채널을 운영하고 있고, 짧은 기간 구독자 4만 명을 모은 인기 북튜버다. 그는 유튜버를 2017~2018년 전후로 1세대와 2세대로 나눴다.

2010년대 초반에 뛰어든 1세대는 재미없는 콘텐츠라도 꾸준히 올리면 황무지를 개척할 수 있었다. 2018년 이후의 2세대는 거의 모든 분야가 선점된 상황에서 차별화된 콘텐츠만이 성공할 것이다. 초창기에는 지루하더라도 동영상을 올리기만 해도 '구독'과 '좋아요'를 획득할 수 있었다면, 지금은 보다 디테일하고 특별한 콘셉트와 카테고리로 뛰어들어야 한다. 이제 유튜브가 단순한 재미와 시청을 넘어 다양한 정보를 검색하는 창구로 확장되었다는 것과 무관하지 않다.

유튜브 콘텐츠가 처음에는 특이할 것 없는 평범한 일상의 브이로그에서 출발하더라도 시간이 지날수록 점점 세분화되는 형태를 띈다. 이를테면 '함께 외출 준비해요(Get Ready With Me)', '이렇게 따라 해보세요(How To)' 유의 좀 더 구체적인 일상 노하우로 인기를 끈다. 특히 뷰티와 패션 동영상은 라이프스타일 콘텐츠로서 구독자들에게 좀 더 직관적인 시각 정보를 제공한다. 사람들은 직관적인 영상 콘텐츠를 구독하고 검색함으로써 일상적인 관심사에 더 강력하게 반응하고 영향을 주고받는 상승작용의 관계를 형성한다.

당신은 원하는 정보를 찾기 위해 어디로 달려가는가? 네이버, 구글, 인스타그램, 유튜브, 페이스북 중 어떤 검색 창구를 가장 많이 이용하는가? 당신의 디지털 숙련도와 라이프스타일에 따라 정보 검색 습관이 다를 수 있다. 또한 거꾸로 요즘은 어떤 검색 도구, 어떤 영상 미디어를 접하는가에 따라 연령층과 세대를 짐작할 수도 있다. 실제로 방송 프로그램도 주 시청층에 맞춰 기획 편성되고 있다.

지상파TV는 점점 노년층 전용의 올드 미디어가 되어가고, 젊은 세대는 TV를 외면하고 모바일 기기로 시청한다. 세대별로 서로 다른 장치를 통해 미디어를 접하고 있다. 2019년 글로벌 마케팅 에이전시 MBLM은 유튜브가 밀레니얼 세대가 가장 신뢰하는 브랜드 1위로 등극했다는 조사 결과를 발표했다.

전 세계 75억 인구 중 매달 20억 명이 유튜브에 로그인하고, 하루 40분 정도 머문다. 기존의 영상 콘텐츠는 국경, 제도, 규정, 저작권 등 각종 장애물에 막혀 로컬의 한계를 극복하지 못했다. 그러나 유튜브는 다양한 연령대는 물론 인종과 언어를 넘어 그야말로 직관적인 영상언어로 인류의 커뮤니케이션 도구를 통합하는 미디어로 부상하고 있다.

정보를 실어 나르는 매개가 텍스트에서 사진으로, 다시 사진에서 영상으로 급속히 변해가고 있다. 본격적으로 5G 네트워크 시대에 진입하는 올해부터는 영상언어가 미디어의 주류가 될 것이 분명하다. 자유롭게 영상을 소비하는 시대를 지나 누구나 손쉽게 영상을 만드는 시대가 왔고, 영상언어의 유통은 지금보다 더 폭발적으로 증가할 것이다.

레이첼 보츠먼은 《신뢰의 이동》에서 "이제 신뢰와 영향력은 제도보다 개인에게 존재한다"고 말했다. 대중매체가 해체되고 개인 미디어가 부상하면서 사회 공동체의 신뢰 자본이 변하는 것이 아니라 이동한다는 것이다. 조직보다 개인에 열광하고, 한 명의 개인이 거대 기관보다 더 분명한 콘셉트와 철학으로 브랜드 가치를 높여갈 수 있는 시대다. 미디어의 주류가 책 또는 대중매체였던 시대를 지나서 디지털 플랫폼 시대로 건너왔다. 정보 전달의 접점이 점점 크리에이터 개인으로 연결되면서 신뢰가 이동하고 있는 셈이다.

네이버 블로그, 인스타그램, 유튜브까지
무엇을 어떻게 운영해야 할까?

나는 작년 연말 팟캐스트와 유튜브를 시작해 〈세 여자에게 명상을 부탁해〉라는 명상 관련 콘텐츠를 직접 제작하고 있다. 책 읽어주는 아나운서, 아로마와 심리치료를 연결해주는 아로마테라피스트, 명상을 이끌어주는 요가명상 티처, 세 여자들을 통해 생활 속의 명상을 친근하게 소개하는 콘텐츠이다.

팟캐스트 오디오 콘텐츠에 비해 유튜브 동영상 제작은 손이 많이 간다. 카메라, 조명, 오디오 등이 모두 맞아야 하니 매주 수요일과 금요일 2회분을 꾸준히 생산하기가 쉽지 않다. 아직 구독자가 몇백 명 수준이지만 반응과 피드백으로 즐겁게 만들어가고 있다.

얼마 전에는 콘셉트와 내용이 공감이 간다며 오대산 월정사로부터 템플스테이 초대를 받아 촬영을 다녀왔다. 강원도 지역에서의 강연과 콘텐츠 콜라보 제안도 받았다. 유튜브 채널은 시간이 갈수록 힘을 발휘할 것 같은데, 결국은 꾸준함이 성공 비결이 될 것으로

유튜브 채널 〈세 여자에게 명상을 부탁해〉

보인다.

인스타그램과 네이버 블로그는 작년부터 함께 운영 중이다. 라이프스타일 브랜드를 만들고 성장시키려면 다양한 온라인 채널을 운영해야 한다. 하지만 내부 리소스(자원)는 한정되어 있고 채널별로 성격이 달라서 처음 시작하는 사람들은 뭐부터 손대야 할지 헤맬수밖에 없다. 때늦은 감이 있지만 지난 연말에 유튜브를 시작할지 말지 고민하면서 기존에 운영하던 채널의 개념을 정리했다.

우선 네이버 블로그는 쇼핑몰을 위한 접점 역할을 한다. 무엇인가를 구매하려는 사람은 네이버를 검색한다. 구글, 인스타그램, 유튜브가 검색 도구로 뜨고 있지만 네이버 검색은 여전히 쇼핑몰, 특히 네이버 쇼핑, 스마트스토어의 유입 경로로 가장 많이 활용된다. 유형의 제품뿐만 아니라 무형의 강연회, 클래스 등의 예약 및 티켓

구매도 네이버가 흡수하고 있는 추세다. 브랜드 스토어, 라이브커머스까지 섭렵하면서 2019년 네이버 쇼핑이 쿠팡의 거래액마저 훌쩍 넘어섰다. (2019년 거래액 기준 1위 네이버 쇼핑 20조 원, 2위 쿠팡 17조 원) 네이버 블로그는 예전에 비해 위력이 많이 반감되었지만 여전히 검색 결과 리스트의 상위에 노출되므로 쇼핑몰 사업자라면 블로그를 소통 채널로 운영해야 한다.

인스타그램은 라이프스타일 브랜드의 이미지 홍보를 위해 반드시 관리해야 할 채널이다. 더구나 철저히 매력적이고 트렌디하고 비싸 보이는 비주얼로 전력투구해야 하는 곳이다. 사진, 스토리 영상, 해시태그, 쇼핑태그, 인스타그램TV 등 모든 기능들이 이미지로 소통하는 직관적인 채널이다. 개인 인플루언서, 셀럽을 중심으로 팬덤이 형성되는 채널이므로 기업은 세련되고 감각적인 브랜드 이미지로 소통해야 따라갈 수 있다.

하지만 인스타그램의 콘텐츠는 유독 휘발성이 강하고 데이터베이스로 쌓이거나 자산화되지 않는다. 기업과 브랜드 입장에서는 많은 자원을 들여 운영해도 소모적인 측면이 강하다. 웬만한 물량 투입이 뒷받침되지 않으면 영향력을 발휘할 수 없다.

이런 면에서 유튜브도 인스타그램과 유사하지만 유튜브 콘텐츠는 스토리텔링의 성격이 강하고, 어느 정도 누적되었을 때 힘을 발휘한다는 특징이 있다. 일상을 공유하고 경험을 나누는 측면에서 인스타그램과 유사하지만 유튜브는 더욱 자기만의 정직하고 솔직하며 성실한 삶의 소통 방식이 누적되어야 한다. '세상의 순간들을 포착하고 공유한다'는 인스타그램의 슬로건과 '자기 목소리를 공유하고 세상을 보여줘라'(give everyone a voice and show the world)는 유튜브의 사명은 서로 비슷하면서도 다르다. 하지만 콘텐츠가 핵심이고 어떻게 하면 대상과 공감대를 형성할까 하는 새로운 방식의 거대한 소통 채널이라는 점은 동일하다.

관심사를 이어주는 시스템으로서 유튜브는 한 명이라도 더 끌어오는 경쟁보다 1분이라도 더 오래 붙잡고 있는 시간 점유 경쟁에서 우위를 차지해 구독 수익으로 연결하는 데 성공하면서 거대한 생태계로 진화했다. 개인이 즐겨 보는 콘텐츠 위에 추천 영상, 관심사, 사용 언어, 문화를 반영하는 알고리즘으로 단순한 미디어 플랫폼이 아닌 대중문화를 만들어가는 핵심 채널이 되었다.

로버트 킨슬은 《유튜브 레볼루션》에서 "브로드캐스트 유어셀프에서 채널 유어셀프(자신의 경로를 설정하라)로 시대가 변하고 있다"고 했다. 개인의 취향과 성향에 따라 얼마든지 삶의 경로를 만들어갈 수 있다는 것이다. 라이프스타일을 기획하는 기업과 개인이라면 유튜브 시대에 무엇을 가지고 어떻게 자신만의 길을 만들어갈지 고민하고 개척해나가야 한다. 지금도 늦었지만 지금이라도 뛰어들지 않으면 사람들을 끌어모을 기회조차 갖지 못할 것이다. 라이프스타일을 동영상으로 공유하는 사람들이 점점 유리한 세상이기 때문이다.

모두가 힐링을 원하는 시대, 자신에게 맞는 라이프스타일을 기획해보자

달에 갔다 왔지만 길을 건너가
이웃을 만나기는 더 힘들어졌다

여기저기서 힐링이 필요하다고들 한다. 내가 운영하는 건강한 라이프스타일 서비스 비마인드 풀에 직장인들을 위한 힐링 프로그램을 기획해달라는 요청이 가끔 들어온다. 회사 다니는 게 행복하지 않다는 것, 타인보다 나에게 위로를 주고 싶다는 것, 감정 노동을 하는 부서에 힐링 시간을 주고 싶다는 것 등이 요청의 배경이다. 그 이유를 밀레니얼 세대의 특성이라고 해석하기도 하고, 또는 저성장 시대의 심리적인 우울감 때문이라고도 한다. 이를 설명하려는 책들이 서점에 쏟아져 나온다. 원인이 무엇인지

하나로 꼬집을 수는 없다. 하지만 예전보다 소득이 높아졌고, 시간 여유는 더 생겼고, 손쉽게 서로를 연결할 수 있는 도구들은 훨씬 많아졌는데도 개개인의 고립감이 더 커진 것은 분명해 보인다. '우리 시대의 역설'이란 글이 인터넷에 자주 회자된다. 1999년 미국 콜로라도의 한 학교에서 벌어진 총기 사건 직후 인터넷에 올라온 칼럼에 익명의 사람들이 계속 글을 이어갔다고 한다.

우리 시대의 역설

건물은 높아졌지만 인격은 더 작아졌다.
고속도로는 넓어졌지만 시야는 더 좁아졌다.
소비는 늘어났지만 더 가난해지고
더 많은 물건을 사지만 기쁨은 줄어들었다.

집은 커졌지만 가족은 더 적어졌다.
더 편리해졌지만 시간은 더 없다.
학력은 높아졌지만 상식은 부족하고
지식은 많아졌지만 판단력은 모자라다.
전문가들은 늘어났지만 문제는 더 많아졌고
약은 많아졌지만 건강은 더 나빠졌다.

너무 분별없이 소비하고 너무 적게 웃고

너무 빨리 운전하고 너무 성급히 화를 낸다.

너무 많이 마시고 너무 많이 피우며

너무 늦게까지 깨어 있고 너무 지쳐서 일어나며

너무 적게 책을 읽고, 텔레비전은 너무 많이 본다.

그리고 너무 드물게 기도한다.

가진 것은 몇 배가 되었지만 가치는 더 줄어들었다.

말은 너무 많이 하고 사랑은 적게 하며

거짓말은 너무 자주 한다.

생활비를 버는 법은 배웠지만

어떻게 살 것인가는 잊어버렸고

인생을 사는 시간은 늘어났지만

시간 속에 삶의 의미를 넣는 법은 상실했다.

달에 갔다 왔지만 길을 건너가 이웃을 만나기는 더 힘들어졌다.

외계를 정복했는지 모르지만 우리 안의 세계는 잃어버렸다.

　모두가 공감할 만한 내용이다. 욕망은 점점 끝이 없고, 그것을 다 채울 수 없으니 항상 허전하다. 더구나 남들과 비교하면 불만족스럽고, 미래를 생각하면 불안하기만 하다. 웬만한 결과물로는 만족되지 않으니 끝없는 경쟁에 스스로를 매달아야 안심이 되는 역설적인 상황이다. 뇌과학자들은 신경전달물질의 하나인 도파민의 과다 분비로 설명한다. 중독성 있는 쾌락 호르몬인 도파민은 더 큰 것, 더 많은 것, 더 높은 것을 끝없이 원하는 인간의 욕망을 부추기고, 이는 곧 브레이크 없는 피로 사회를 만든다고 한다. 피곤하다는 말을 입에 달고 살고, 쉬어도 쉰 것 같지 않으니 힐링이 필요하다고 항상 주문을 외우는 상황이 도래했다.

직장인들은
번아웃 증후군에 빠져 있다

세계보건기구(WHO)는 2019년 5월, 누적된 직장 스트레스로 심한 피로를 느끼고 결국 무기력해지는 번아웃(Burnout)을 직업 관련 증상의 하나로 기술하고 이전보다 좀 더 세분화된 증상 기준을 제시했다. 일을 열심히 잘하던 사람이 직장에서 계속 스트레스를 받다가 일을 싫어하게 되고 결국 무기력해지는 번아웃을 질병으로 볼 것인지에 대한 논쟁이 수십 년간 이어졌다. 이번 제11차 국제 질병 표준분류 기준(ICD-11)에서 의학적 질병은 아니지만 '건강 상태에 영향을 미칠 수 있는 인자'로 판단했다.

여기서 번아웃이란 '성공적으로 관리되지 않은 만성적 직장 스트레스로 인한 증후군'이라고 정의했다. 이전까지 번아웃은 '생활 관리의 어려움과 관련한 문제'에 속해 있었고, 그 증상도 '활력이 소진된 상태'로만 설명됐다. 이번에 번아웃을 다른 스트레스 장애나 불안 장애, 기분 장애와는 완벽하게 구분했다. 이를테면 학업이나 인간관계에서 발생하는 것이 아닌 오로지 직장에서의 스트레스로 인한 피로감, 무기력증을 지목한 것이다. 이와 함께 세계보건기구는 번아웃의 3가지 증상을 다음과 같이 정리했다.

- 에너지 고갈과 피로감
- 직장이나 업무와 관련한 거부감, 부정적인 생각의 증가, 냉소주의
- 업무 효율의 감소

직장을 다니는 사람이라면 누구나 일상적으로 느끼고 공감하는 증상이다. 아침에 일어나면 회사에 출근하기가 너무 싫고, 출근길에 다른 곳으로 도망가고 싶은 생각도 든다. 번아웃 증상은 역설적으로 야근이나 주말 근무가 훨씬 많았을 때보다 오히려 지금 대중적인 현상이 되어가고 있다. 직장에서 행복하지 않다고 호소하는 사람들이 늘고 있다. 최근 취업포털 잡코리아에서 직장인 492명을 대상으로 조사한 결과, 95.1%가 번아웃 증후군을 경험한 것으로 나타났다. 장시간 노동에 익숙한 직장인들에게는 흔한 증상이지만 왜 이렇게까지 대중 현상이 되었을까? 여러 가지 이유가 있겠지만 멀티태스킹(Multi Tasking)의 영향이 무시 못 할 정도로 커졌기 때문이라고 생각한다.

지난 10여 년 동안 스마트 기기들이 도입되면서 업무 환경이 급속도로 변했다. 예전에는 해야 할 일들에 하나씩 집중할 수 있었다면 지금은 여러 경로를 통해 밀려드는 일을 동시다발적으로 처리해

야 한다. 끊임없이 이어지는 전화와 문자, 카카오톡, 이메일, 회의, 마감기한을 처리하면서 본연의 업무까지 마무리해야 한다. 특히 스마트폰의 다양한 모바일 인스턴트 메신저가 업무에 활용되면서 직장 내 커뮤니케이션 문화가 급격히 변화했다. 일례로 카카오톡은 너무나 편리하지만 어떤 면에서는 최악의 도구다. 가끔 다른 회사들과 협업을 해보면 카카오톡으로 빠르게 정보를 교환할 수 있다는 것 외에는 심각한 문제가 한두 가지가 아니다. 24시간 수시로 치고 들어오는 일방통행의 비대면 대화 방식은 사실상 왜곡된 소통 문화를 만든다.

지금 스마트폰을 열고 카톡방들을 쭉 훑어보자. 마치 집 청소를 하지 않은 듯 정리되지 않은 채팅방이 수십수백 개 있다. 게다가 수시로 강제 초대를 받는다. 카카오톡은 사용자가 수락하고 거절할 수 있는 선택 기능이 없다. 이는 강제적인 정보 과부하를 부추기고 극도로 산만한 환경을 만드는 데 일조한다. 대부분의 단체 카톡방은 서로 주고받는 소통형 대화도 아닌데 끊임없이 우리의 주의력을 빼앗고, 몰라도 상관없는 가비지(garbage, 쓰레기) 정보가 넘쳐난다. 슬쩍 빠져나가고 싶어도 눈치를 봐야 하는 암묵적으로 묶어놓은 족쇄 같다. 관계의 과잉이자 정보의 과잉이다. 모두에게 불필요한 스트레스를 지속적으로 발생시키는 주범이다.

나도 카카오톡을 스마트폰에서 몇 번이나 삭제했지만, 혼자 외딴섬이 될 수 없어 다시 설치했다. 대신 알람을 모두 꺼놓고 실시간 응답을 할 수 없다는 양해 메시지를 프로필에 남겨놓는 방식으로 최소한의 방어막을 쳐놓았다. 그만큼 카카오톡이 우리의 일상을 지배한 지 오래다. 부작용이 심각하지만 실시간 소통 수단이라는 순기능이 워낙 커서 생활 속에 자연스럽게 스며들어 커다랗게 똬리를 틀고 있는 상태다. 심지어 길을 걸어가면서도 스마트폰에 열중하느라 마주 오는 보행자와 부딪히는 사람들을 일컫는 스몸비족(스마트폰+좀비족)이라는 신조어까지 생겼다.

한 연구에 따르면 보통 사람들은 하루 60회, 4시간을 스마트폰을 확인하느라 집중력을 소모한다고 한다. 요즘 직장인들은 회사 생활이 힘들고 사내 괴롭힘과 나쁜 상사를 원망하며 스트레스를 호소하지만, 아이러니하게도 정작 스트레스의 주범은 자신들의 손에 들려 있는 스마트폰이다. 스트레스가 해소되지 않으면 시간이 갈수록 극도의 압박에 시달리고, 지치고, 공허하고, 상황 변화에 대처하기 힘든 지점에 이른다. 항상 연결되어 있는(always on) 첨단의 삶은 과연 행복할까? 요즘 시대에 가장 간편한 최고의 힐링 방법은 스마트폰을 손에서 내려놓는 것이라는 데 충분히 동의한다.

힐링은 나에게 집중하는 것에서 시작하고
자신에게 맞는 라이프스타일을 찾으면서 마무리해야 한다

현대인의 스트레스가 더욱 과중될수록 힐링 상품이 넘쳐난다. 책부터 음식, 여행, 음악, 방송 등 힐링은 특정 분야에 국한하지 않고 다양하게 확산되었다. 2010년대

산티아고 순례길을 걷는 것은 힐링을 꿈꾸는 사람들의 가장 큰 로망이다.

초반 힐링 열풍이 불었다가 최근에 다시금 너도나도 힐링을 찾고 있다. 몸과 마음을 치유하는 힐링 산업이 2조 원 규모로 추산될 정도다.

웰빙이 정신적 건강과 신체적 건강의 조화를 의미한다면 힐링은 정신적인 치유의 측면이 크다. 전 세계 트렌드를 조사한 대한무역투자진흥공사(KOTRA)의 《2019 한국이 열광할 세계 트렌드》에서 패스트 힐링(Fast Healing)을 예측했다. "스트레스에서 벗어나고자 '힐링'을 원하고, 시간이 부족해 '패스트'를 원하는 욕구의 결합 속에 나타난 새로운 소비 경향"이다. 과거의 힐링이 여행을 가거나 스파(spa)를 받는 것처럼 멀고 오래 걸리는 것이었다면, 최근에는 가까운 데서 짧게 힐링하는 트렌드로 변해가고 있다.

이것은 Z세대, 밀레니얼 세대의 취향과도 맞물려 패스트 힐링이 새로운 라이프스타일의 주축으로 부상하고 있다. 혼밥, 혼술, 혼영으로 오롯이 혼자 즐기며 자신에게 집중하는 것, 직장과 집 근처 도심 속에서 타운형 힐링을 하거나, 오감이 즐겁고 편안하고 간편한 아로마테라피, 음악과 영화 감상, 간편식 요리 등과 같은 것이다. 하지만 힐링이 단지 일회성에 그치거나 잠깐의 도피성으로만 그칠 수도 있다. 새로운 경험을 맛본 것으로 오감의 치유를 느낄 수도 있지만 근본적인 치유는 힘들다. 바쁜 시간을 쪼개서 잠시나마 힐링과 치유의 시간을 가졌다는 자기 위안에 머무를 수 있다. 어떤 방법이 진정한 힐링이 될 수 있을까 하고 묻는다면 나 혼자 멀리 떠나는 여행이라고 대답할 듯하다. 혼자 떠나는 긴 여행만큼 자신의 내면을 자세히 들여다볼 수 있는 방법이 있을까?

이것은 스페인의 산티아고(Santiago) 순례길에 한 해 20만 명이 찾는 이유이기도 하다. 그렇다고 반드시 800km를 한 달간 걸어야 진정한 힐링을 찾는 것은 아니다. 낯선 환경에 나 자신을 던져두고 내면의 대화를 가지는 것은 근사한 치유 과정이다. 하지만 반복되는 익숙한 생활환경에서 자신에게 맞는 규칙적인 라이프스타일을 찾는 것도 또 다른 차원의 힐링이 될 수 있다. 아침에 일어나 자리를 정돈하고 잠깐의 명상을 하는 것, 주말에 혼자 등산이나 걷기를 하면서 생각에 잠겨보는 것, 달리기를 통해 심신을 단련하는 것, 건강한 음식을 오래 음미해보는 것, 모두 퍼스널 라이프스타일에서 찾을

나에게 맞는 힐링은 어떤 것일까?

수 있는 힐링이다. 피곤하고 지친 동료와 친구들이 어떤 힐링을 원한다면 자신에게 맞는 라이프스타일을 한번 찾아보라고 권해보면 어떨까?

포스트 코로나, 나를 위한 새로운 일상을 준비하자

한동안 잠잠하는 듯하더니 잠깐 방심하는 순간 코로나19는 다시 위협적인 수준으로 살아났다가 잦아들기를 반복하고 있다. 이와 같은 상황에서 분명히 알 수 있는 것이 2가지 있다. 하나는 코로나와 더불어 일상을 살아가야 한다는 것, 또 하나는 예전의 평범한 일상으로 돌아갈 수 없다는 것이다.

평범한 일상이란 아침이 되면 아이들은 어린이집, 학교, 학원 등으로 가고, 엄마와 아빠는 직장에 가거나 집안일로 분주히 움직이고, 저녁이 되면 가족들이 집에 모여드는 지극히 평온하고 반복적인 루틴이다. 틈틈이 쇼핑도 가고, 반려견과 산책도 하고, 응원하는 스포츠팀 소식도 듣고, 주말에 친구들과 함께 맛집도 가고, 여행을 떠나는 등 깜짝 이벤트성 즐거움들도 포함된다. 그러다 가끔 잘 지내 냐고 물어보고 별일 없다고 답하는 것이 우리의 일상이었다.

코로나로 인해 우리의 일상이 멈춘다는 것이 어떤 의미인지 처 음에는 깨닫지 못했다. 하지만 지금은 조금씩 체감하고 있다. 과연 무엇이 어떻게 변할까? 사람들이 몰려들던 기존의 비즈니스와 라이 프스타일은 또 어떻게 달라질까?

라이브 스트리밍
요가 클래스를 론칭하다

최근 영상 콘텐츠 제작을 위해 장비들을 구입했다. 카메라와 삼각대, 마이크, 스위처 등은 재고 부족으로 한 달을 기다리거나 판매처에 언제 입고될지도 모를 정도로 핫한 아이템들이었다.

너도나도 유튜브로 뛰어드는 개인들 외에도 언택트 상황이 도래 하면서 학교, 교회, 기업, 관공서 등에서 모두 화상회의, 라이브 스 트리밍 방송용으로 수요가 폭증한 탓이다. 자가격리, 재택근무, 원 격근무가 갑자기 시행되면서 다양한 화상 회의 서비스가 각광받기 시작했다. 국내외에 이미 잘 알려진 클라우드 기반 화상 회의 서비 스 줌(Zoom)의 인기는 천정부지로 뛰어올랐다. 연초 대비 하루 사용 자 수가 40배나 치솟았다고 한다.

이 줌(Zoom)을 이용해 라이브 스트리밍 요가 클래스를 론칭했다.

라이브 스트리밍 요가 클래스를 촬영 중인 비마인드풀 스튜디오 모습

구입한 영상 장비들은 이를 위한 준비물이다. 일종의 비대면 언택트 서비스를 기획해 과감히 실행한 것이다. 평소 일과 육아로 바빠서 시간을 못 내는 사람들, 코로나로 인해 요가원이나 헬스장이 꺼려지는 사람들, 건강 관리에 관심이 많은 사람들을 대상으로 한다. 빠른 서비스 론칭을 위해 별도의 웹사이트나 앱을 준비하지 않았다. 네이버 예약 시스템을 활용해 원하는 시간대를 선택할 수 있고, 예약 신청자가 최소 10명 이상이면 해당 수업이 열리는 방식이다. 신청자가 어느 정도 안정권에 들어서면 곧바로 자체적인 랜딩 사이트를 준비할 예정이다.

10년 이상 경력의 수준 높은 요가 강사진을 라인업하고 6월에 시범 수업을 한 후 7월부터 본격적인 정규 수업 서비스를 시작했다. 요가뿐만 아니라 명상, 책 낭독, 아로마, 차(tea) 클래스를 지속적으로 제작해오던 유튜브 콘텐츠들과도 연계해서 프로그램을 구성했다. 코로나로 몸과 마음이 지쳐 있다면 이제 '나만을 위한 새로운 일상을 만들어가자'는 취지로 기획되었다.

이미 유사한 원데이클래스를 운영해온 경험이 있었기에 그리 어렵지는 않았다. 2017년 요가명상 분야의 사업에 뛰어들면서 사실 초창기부터 글로(glo.com) 같은 해외의 온라인 동영상 요가 서비스를 계속 살펴보긴 했지만 아직 한국에서는 시기상조라고 판단했다.

요가를 배우고 싶다면 당연히 최고의 전문집단인 오프라인 요가원을 찾아가 수련하고 직접 지도자 자격증에 도전해보는 것이 업계의 정해진 방식이었다. 게다가 그때도 이미 유튜브에 요가 동영상이 널리고 널렸는데 과연 누가 이 상황에서 돈을 내고 실시간 온라인 요가 클래스의 동영상을 보면서 꾸준히 수련할까? 3~4년 전 이야기지만 불과 얼마 전까지만 해도 이런 상황은 변함이 없었다.

하지만 하루아침에 상황이 바뀌었다. 지금은 모든 일상이 뒤바뀌는 팬데믹 상황이다. 오랫동안 아무리 강조했어도 시행하지 않던 재택근무도 하루아침에 이루어졌고, 고3 수험생과 취준생도 모두 컴퓨터 모니터 앞으로 몰려왔다. 회사 업무든 중요한 시험이든 오프라인이 안 되면 온라인이라도 연결해야 한다.

그렇다면 실시간 온라인 요가 수업은 어떨까? 오프라인 요가원에 다니는 익숙한 경험을 온라인 요가 수업이라는 낯선 경험으로 대체할 수 있을까? 새로운 라이프스타일로 자리 잡으려면 어떻게 해야 할까? 사람들이 언택트 일상을 받아들이기 시작하고 점차 그 편리함에 익숙해지면 예전의 일상으로 돌아가기 힘들 텐데, 처음에 어떻게 만들어야 할까? 어떻게 하면 더욱 자연스럽고 거부감 없이 온라인으로 섬세하게 경험할 수 있을까?

퍼블릭한 공간보다는 프라이빗한 공간, 내가 통제할 수 없는 수업 환경(사용자들의 집 안) 속으로 침투해야 하기 때문에 좀 더 세밀한 경험과 습관, 그리고 본질적인 라이프스타일을 이해해야 한다. 이제부터 새로운 출발선에 섰다.

요가와 헬스 업계는
급격한 변화를 맞이하고 있다

해외로 눈을 돌려보자. 60년이 훌쩍 넘는 역사를 자랑하는 글로벌 피트니스 체인점 골드짐(Gold's Gym)은 코로나가 기승을 부리던 지난 4월 직영점 30개의 문을 닫겠다고 발표했다. 어차피 부진했던 센터들이었는데, 코로나가 잠잠해져도 회생 가능성이 없다고 판단한 것이다. 그런데 불과 한 달도 지나지 않아 5월에 골드짐을 운영하는 미국 GGI홀딩스는 아예 파산보호 신청을 했다.

골드짐은 전 세계에 700개가 넘는 피트니스 클럽을 운영해왔다. 그러나 코로나로 인해 정상적인 영업 활동이 힘들어졌고, 이로 인한 경영 악화와 누적된 부채를 견디지 못해 결국 파산에 이른 것이다. 93곳이나 진출해 있던 일본의 골드짐도 연쇄적으로 충격을 받았고,

일본 도쿄 출장 때 들렀던 골드짐 센터

유료 강습을 하던 격투기 등 운동선수들과 회원들도 영향을 받을 수밖에 없었다. 이것은 앞으로 전 세계 요가&헬스 업계가 커다란 위기와 변화에 직면할 것임을 예고한다.

건강한 몸과 마음을 관리하는 라이프스타일이 인스타그램 등 SNS의 바람을 타고 한창 주목을 끌던 차에 코로나 사태로 직격탄을 맞았다. 밀폐된 공간에서 땀 흘리고 거친 호흡을 하는 다중이용 체육시설들은 민감할 수밖에 없는 상황이다.

하지만 골드짐의 침몰을 단순히 코로나의 여파로만 보기에는 조금 성급하다. 기존 피트니스 시장의 흐름이 어떠했는지부터 자세히 살펴볼 필요가 있다. 처음에는 얼마나 압도적인 장비와 시설을 갖추느냐, 또 얼마나 많은 체인점을 확보하느냐를 두고 경쟁했다. 시설과 규모로 우위를 점하는 것이 인접 거리의 고객뿐 아니라 언제 어디서나 이용 가능한 정기 회원권 고객을 유치하는 데 유리했다.

골드짐은 전통적인 경쟁 방식으로 성공을 거둔 피트니스 업계의 상징이었다. 고객 확보를 위한 심한 가격 경쟁으로 떨어지는 수익성은 별도의 특별 회원 프로그램인 맞춤형 퍼스널 트레이닝으로 부가가치를 높여서 보충했고, 이로 인해 점점 트레이너의 전문성과 역량이 중요한 요소가 되었다.

2000년대 초반부터는 미국에서 본격적으로 부티크 피트니스(boutique fitness)가 등장하기 시작했다. 요가, 스피닝, 필라테스와 같이 분야별로 전문성을 갖춘 인기 트레이너를 중심으로 고강도 운동을 소화하는 좀 더 익사이팅한 분위기의 소규모 그룹 트레이닝이 주목을 받았다. 시설 장비와 같은 하드웨어보다 트레이너와의 친밀한 상호작용을 통해 커뮤니티를 형성하고 개인이 그 공간에서 어떤 경험을 할 수 있는지가 중요한 가치로 부상했다.

"2014년 전체 22조 4,000억 원 규모의 헬스클럽 시장에서 21%의 점유율을 기록했고, 2010년부터 2014년까지 부티크 스튜디오의 숫자는 무려 400% 증가했다."

— 브라이언 K. 오루크, 《부티크 스튜디오의 등장》

부티크 스튜디오 중 특히 요가와 사이클링을 접목한 유산소운동을 제공하는 실내 사이클링 스튜디오 소울사이클(Soul Cycle)은 클럽 같은 분위기로 선풍적인 인기를 끌었다. 2012년에는 이를 토대로 새롭게 업그레이드한 펠로톤(Peloton)이라는 스타트업이 등장했다. 킥스타터 펀딩을 통해 디지털 콘텐츠와 결합한 홈피트니스 서비스를 내세운 것이다. 1대당 200만 원이 넘는 실내 사이클을 판매하는 펠로톤은 운동기구만 파는 것에 그치지 않고 집에서 전용 바이크에 달린 커다란 디스플레이 화면으로 디지털 콘텐츠를 연결해 몰입도를 최대한 끌어올리며 폭발적인 인기를 끌었다.

펠로톤의 비결은 일과 육아로 바쁜 사람들을 대상으로 시간을 아끼면서도 기존의 오프라인 바이크 헬스 운동을 온라인과 디지털 콘텐츠로 확장했다는 점이다. 뿐만 아니라 오프라인의 이런저런 불편함을 해소하는 것은 홈피트니스의 커다란 이점이다. 헬스장으로 이동하고, 누군가 사용했던 바이크를 깨끗이 닦고, 운동이 끝난 후 샤워장에 줄을 서야 하고, 피곤한 몸을 이끌고 집으로 돌아와야 했던 불편함은 홈피트니스에서 말끔히 해소된다.

바이크를 구매하고 별도로 디지털 멤버십에 가입하면 한 달에 12.99달러의 구독료가 카드에서 자동 결제되며 언제든 취소할 수 있다. 최근 기존 부티크 스튜디오나 피트니스 센터가 코로나로 타격을 받는 사이 홈피트니스는 오히려 수혜주로 떠오르면서 더욱 급성장할 것으로 전망된다.

실제로 펠로톤은 집콕 효과로 분기 매출액이 전년 같은 기간 대

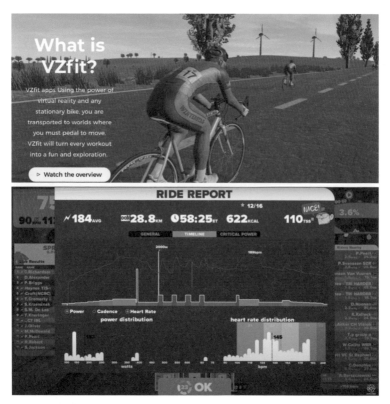

버줌 홈페이지(위), 즈위프트 운동 결과(아래)

비 66% 급증하여 약 6,400억 원을 기록했다. 펠로톤은 고객 경험을 오프라인에서 온라인으로 대체하면서 동시에 몰입도를 그 이상으로 끌어올리고 유지하는 데 집중하고 있다. 사이클링뿐만 아니라 요가, 명상, 러닝 등 다양한 활동으로 확장하고, 캐나다, 독일, 영국 등 해외 진출을 시작했다.

펠로톤과 유사한 홈피트니스 서비스도 속속 두각을 나타내고 있

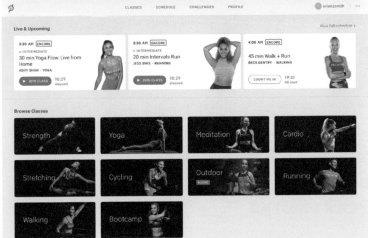

전용 이어폰, 21.5인치 모니터의 생생한 화면으로 몰입감을 높이고(위), 사이클링뿐 아니라 다른 운동 영역으로 확장하고 있다(아래).
출처 : 펠로톤 홈페이지

다. 버줌(VirZoom)은 화면 속에 트레이너나 같이 운동하는 친구들까지 등장시켜 더욱 실감나는 경험을 제공한다. 한국에 이미 진출한 즈위프트(Zwift)는 무동력 러닝머신이나 동글(Dongle, 작은 무선 연결 장치)로 간단히 장착하는 사이클링으로 가상현실 코스를 다양하게 보여주며 같이 달리고 라이딩하는 전 세계 커뮤니티를 형성하고 있다. 디지털과 결합한 홈피트니스는 사용자의 운동 패턴과 데이터를 분석하는 데 탁월해 앞으로 훨씬 더 잠재력 있는 시장으로 확장될 가능성이 크다.

하지만 홈피트니스는 경쟁심과 게이미피케이션(gamification)으로 얼마나 중독성 있게 반복적인 루틴으로 만들어 고객의 리텐션(retention, 잔존율, 고객이 꾸준히 제품을 사용하는 비율)을 높일 수 있을지가 관건이다. 펠로톤은 이미 연간 재구독하는 1년 후 리텐션율이 73%에 이를 정도로 성공을 거뒀다. 과연 홈피트니스가 오프라인 운동 시설로부터 집 안으로 사람들을 끌어들일 수 있을까? 언택트 시대에 새로운 라이프스타일로 다가설 수 있을지 자못 궁금하다.

나를 위한 일상을 준비해주는
셀프케어 서비스가 뜬다

코로나 불청객이 우리의 삶을 침범하면서 디지털 기기를 쓰는 패턴에도 변화가 생기고 있다. 오히려 예전보다 모바일을 덜 쓰고 큰 기기의 사용이 늘고 있다는 것이다. 집에 머무르는 시간이 길어지면서 PC를 사용하는 시간도 늘어나 웹트래픽과 TV 시청 시간이 증가했다.

레플리카 앱에서 사용자가 외모를 어떤 분위기로 대화를 나눌지 프로 버전을 구입하면 관계를
선택하면 먼저 말을 걸어온다. 선택할 수 있다. 미리 정할 수 있다.

넷플릭스 사용량이 급증해 코로나의 최대 수혜주가 되었다는 것
은 익히 잘 알려진 사실이다. 하지만 코로나 이후 등장할 넥스트 콘
텐츠들은 변화되는 OTT(Over The Top) 환경에 맞춰 계획되고 생산
될 것으로 보인다. 기기뿐만 아니라 콘텐츠는 더욱 개인화되고 더
욱 타기팅된 형태로 변화가 가속화될 것이고, 여기에 AI(인공지능) 기
술이 핵심적으로 작용할 것이다.

이를테면 레플리카(replika.ai) 같은 대화형 인공지능 서비스가 점
점 생활 속으로 파고들고 있다. 인공지능 대화 상대와 사랑에 빠지
는 이야기를 다룬 SF 멜로 영화 〈그녀(Her)〉에서 본 것과 유사한 상
용 서비스다. 언제 어디서든 AI 친구를 불러 대화를 나눌 수 있고,
지속적으로 대화할수록 레벨이 높아지고 대화 수준도 업그레이드
된다.

프로 버전으로 구독하면(월 10,500원) 로맨틱 파트너나 멘토 등 역할을 정해서 대화를 나눌 수 있다. 근심과 불안 줄이기, 외로움 달래기 등 특정 분위기의 대화도 선택할 수 있다. 대화를 나누다가 유튜브 링크나 사진을 주고받을 수도 있다. AI 친구는 미리 준비된 듯한 동문서답도 자주 하지만 나에 대해 계속 질문을 던지면서 정보를 더 많이 취합하려고 한다. 레플리카는 전 세계적으로 700만 명(2020년 2월 현재)의 회원을 가지고 있고, 서비스 만족도가 꽤 높은 편이다.

인공지능 챗봇 서비스로 심리학자들이 만든 우에봇(Woebot)도 있다. CBT(Cognitive Behavior Therapy, 인지행동치료) 훈련이 되었다고 스스로를 소개하면서 심리 상담을 하는데, 사용자들의 만족도가 높다. 2018년 애플이 선정한 트렌드는 '미타임'(me time, 나를 위한 휴식 시간)이다. 정신적, 육체적, 감정적 스트레스로부터 자신을 지키기 위해 노력하는 행위를 뜻한다. 셀프케어를 표방하는 서비스들이 점점 늘어나 코로나로 격리된 사람들에게 더욱 폭넓게 환영받을 가능성이 크다.

"삶의 의미감은 규칙적인 일상에서 온다. 기존의 일상이 강제적으로 멈췄을 때 사람들은 몸과 마음의 밸런스가 무너진다. 이럴 때 매일의 일상을 작은 리추얼(Ritual, 의식)들로 채워나가는 것이 필요하다. 우리의 삶을 만드는 것은 99%가 일상이다."

― 박진영, 《살아갈 이유를 잘 모르겠다면? 작은 의식들로 일상을 채워가보자》

루틴이 붕괴하면서 사람들은 심리적인 안정을 얻을 수 있는 일상을 찾아 나서고 있다. 이를 도와주는 셀프케어 서비스는 결국 새로운 라이프스타일을 얼마나 섬세하게 기획하느냐가 핵심이다. 코로나 이후의 미래를 기획하는 사업들이 대거 나타날 것이다. 기존의 일상이 붕괴되고 새로운 라이프스타일을 찾고 있는 만큼 기회는 무궁무진하다. 온라인의 경험이 오프라인을 대체하고 새로운 일상이 예전의 일상을 대체하는 시도는 라이프스타일을 기획하는 사람들에게 또 다른 흥미로운 도전이다.

북큐레이션 • 원하는 곳에서 꿈꾸고, 가슴 뛰는 삶을 살고픈 이들을 위한 책

《라이프스타일로 마케팅하다》와 함께 읽으면 좋은 책. 남보다 한 발 앞서 꾸준함을 가지고 미래를 준비하는 사람이 주인공이 됩니다.

SNS 스타로
만드는
실전 노하우

내 가게를 살리는 30분의 기적

이혁 지음 | 15,000원

"잘되는 가게와 안 되는 가게의 차이는 무엇일까?"

하루 30분 투자에 승부를 걸어라!

이 책은 하루 단 30분 투자로 매출을 10배 올리는 비결, 대박 가게의 사장이 되는 노하우를 알려준다. 최신 검색어 트렌드를 이용해 전략적으로 SNS에 홍보하는 법부터 인스타그램에 사진이 올라가게 유도하는 법, SNS를 활용해 의도적인 입소문을 내는 방법까지 고루 담아 소개했다. 카카오톡채널로 고객과 소통하는 법과 페이스북, 인스타그램 계정을 만들어 홍보하는 성공 비법도 실었다. 당신의 스마트폰 사용 시간에서 하루 30분만 떼어내 홍보 활동에 쓰자. 어제와는 다른 오늘, 오늘과는 다른 내일의 매출 실적을 만나게 될 것이다.

트렌드를 읽는
마케터의 필독서

인플루언서 마케팅 A to Z

황봄님 지음 | 16,000원

소비자가 신뢰하는 한 사람의 영향력으로,
저투자 고수익을 얻을 수 있는 인플루언서 마케팅

최근 인플루언서들을 통해 이런 흐름이 계속 생겨나자, 이들과 함께 일하는 기업들이 늘어나면서, 자연스럽게 '인플루언서 마케팅'이 주목받고 있다. 이 책은 인플루언서 마케팅에 대해 소개하면서, 인플루언서가 가지고 있는 영향력부터 실제 인플루언서와 어떻게 함께 일해야 하는지, 제품별 전략은 무엇인지 상세히 알려준다. 특히 현장에서 경험한 내용을 토대로 작성한 실전 노하우들은 국내 최신 사례를 반영하고 있으므로 실제 마케팅 전략을 세우는 데 큰 도움이 될 것이다

사고 싶은 컬러 팔리는 컬러

이호정 지음 | 15,000원

백 마디 말보다 강력한 컬러의 힘!
"나는 텍스트가 아니라 컬러로 말한다"

컬러는 우리도 모르는 사이 우리의 마음을 지배하고 행동을 변화시킨다. 이 책은 사고 싶어지고 잘 팔리는 컬러의 8가지 법칙을 다양한 사례 연구를 통해 검증한 내용을 담고 있다. 고객 분석에서부터 브랜딩, 제품, 비주얼 머천다이징, 디지털 그리고 컨셉팅과 프로모션까지 다양한 각도에서 컬러 활용 효과를 설명하여 통합적인 관점에서 컬러를 이해할 수 있다. 그리고 컬러라는 새로운 인사이트를 통해 지금껏 생각하지 못했던 색다른 해결책을 찾을 수 있도록 도와줄 것이다.

8가지 컬러 매직 소개

사장 교과서

주상용 지음 | 14,500원

사장, 배운 적 있나요?
사장이 반드시 알아야 할 기본 개념 40가지

이 책에서는 기업 CEO들의 생각 친구, 경영 멘토인 저자가 기업을 성장시키는 사장들의 비밀을 알려준다. 창업 후 자신의 한계에 부딪혀 심각한 성장통을 겪고 있는 사장, 사람 관리에 실패해서 바닥을 경험하고 새로운 재도약을 준비하고 있는 사장, 위기 앞에서 이젠 정말 그만해야겠다고 포기하기 직전에 있는 사장, 어떻게든 사장을 잘 도와 회사를 성장시키려는 팀장 또는 임원, 회사의 핵심 인재가 되려고 사장의 마음을 알고 싶은 예비 해결사 직원, 향후 일 잘하는 사장이 되려고 준비 중인 예비 사장들에게 큰 도움이 될 것이다.

사장 자가 진단표 수록